나, 있는그대로참 좋다

我，這樣就很好

不知道自己有多美好的我，
最需要的暖心抱抱

趙宥美 조유미 —— 著

戴瑜亭 —— 譯

序言

我們通常不會毫無理由地喜歡某樣東西，因此發自內心喜歡自己也遠比想像中還困難。爲了找出喜歡自己的理由，我試著思考自己有什麼優點，但左思右想，腦袋裡只冒出一堆缺點，到頭來反而離喜歡自己的目標越來越遠。如果你也和我一樣，我想告訴你：

你不需要找理由。
就算沒有任何喜歡自己的理由也沒關係。
你現在的樣子就十分美好了！

剛開始我也做不到，畢竟我眼中的自己是那麼不完美，這樣的話又怎麼能打動我呢？不過開始寫這本書之後，我發現自己在一字一句寫下自己的故事與感受的過程中，稍稍理解了這些話的意義。我是這世上獨一無二的存在，光是這點就足以說明我有多特別了。

生活中常有某些瞬間讓我們忘了自己有多麼美好，每當這種時候我就會在心中默念書中的咒語。感覺這世上除了我，所有人都過得很幸福的日子；為愛情所苦，感到無力的日子；被他人的想法影響，感到沒有自信的日子；感到沮喪，對什麼都提不起勁的日子，試著念這句咒語吧！

我，這樣就很好

——寫於二〇一七年秋意漸濃時

Contents

✿ 第一句咒語

我，這樣就很好

——致不知道自己有多美好的我

決定喜歡我自己，因爲我是我 016
我能發光發熱的舞臺 022
我相信你能克服一切 028
我每天都在變得更好 030
練習不去討厭自己 036
閃閃發亮的人 039
名爲擔心的土壤開出一朵花 042
如果不願被他人的目光影響 046

背上的翅膀 049
享受人生旅途的風景 051
沒關係，沒關係，沒關係 055
將心寄託在幻象上 058
聽說成為大人會變得寂寞 063
關於強忍悲傷 066
請給我一顆能撐下去的心 070

✤ 第二句咒語

在愛面前變得勇敢

——致在愛情中仍生澀，不知如何是好的我

我數著離別 076
無名的季節 080
第一場戀愛，第一次分手 084
終將產生交集 090
致勇敢愛過的你 094
除了這個缺點，一切都很棒的人 096
走過漫長時光的愛情 101
愛的溫度不盡相同 104

只要學著適應，就會漸漸習慣 106
我心中有如此多的你 111
凌晨簡訊 114
不公平的分手 120
離別中的敗者 124
一封沒寄給你的信 128
若不曾經歷離別 132
不對就是不對 136

✤ 第三句咒語

只聽自己內心的聲音

——那些被他人的目光影響的日子

一切都會過去 144
克服局限 147
有美麗風景的位置 150
不想自己一個人 152
喜歡你的理由 157
心也需要充電 163
平凡的人 166
希望你的心下起雨時會想起我 171
因爲傷心，所以傷心 175

關於憎恨一個人 179
今天要比昨天更好 182
一籌莫展 186
如果能看見眞心該有多好 188
扳開免洗筷 193
想過一段不會凋謝的人生 198
不負責任的建言 202
哭泣的大人 206

✿ 第四句咒語

我每天都在變得更好

——突然感到無力的瞬間

你現在做得很好 210
儘管如此 214
越過牆後才懂的事 216
美好事物的另一面 221
「我不辛苦」，真正的意思 224
有所謂也無所謂 227
不是結束，是另一個開始 231
每瞬間的幸福 236
讓心發光的方法 240

我眞正想聽的話 242
我也會失敗 245
只不過不是今天而已 249
願我變得幸福 252
越逃越遠的東西 254
跳脫框架 260
我會成爲你的春天 265
你比自己想像中做得還要好 267

致不知道自己有多美好的我

第一句咒語

我，這樣就很好

決定喜歡我自己，因爲我是我

總費盡心思藏起
看似不夠體面的自己，
只呈現最好的一面。
每當我看著人前
那個極力隱藏真實面貌的自己，
心中就泛起一陣苦澀。

交友圈不廣的我總怕人因此看不起我，所以努力隱藏這個事實。我甚至反省過自己的交友圈這麼小，是不是因爲我太不愛出門，不願意花時間認識新朋友。雖然極力想隱藏，但朋友爲數不多的事實還是在社群媒體上一覽無遺。幾位熟人光是分享日常，底下就有數十個留言，反觀我的貼文留言數總是不超過五根手指頭，這樣的差異讓我十分在意，也厭惡自己交友圈狹隘的事實被攤在檯面上。打開社群媒體，映入眼簾的是一連串令人羨慕的照片，有人租了派對場地和一群朋友大肆過生日，有人和好友出國旅行，度過美好的假期，有人積極參加各種活動，認識新朋友並培養新專長，他們的生活看起來都是那麼完美又幸福。看到這些照片，我心中不免有些羨慕，但卻無法眞心爲他們感到開心，只能抱著這矛盾的心情看著一張又一張的照片。

我總覺得除了我之外，大家都過得很開心，所以很快就下定決心改變生活模式，就算不情願還是硬著頭皮出門，參加讀書會，參與智慧型手機應用程式開發企劃，我接觸的人變得越來越多。每天也都過得很充實，跟先前宅在家時完全不能比。我和剛認識的人交換聯絡方式，成爲社群媒體上的好友，週末就約到熱鬧的新村、江南，找個氣氛不錯的地方一起喝點啤酒。不知不覺中，我也成了那些令人稱羨的照片中的主角，身邊多了不少就算沒什麼重要的事，也固定會聯絡的人，社群媒體上照片的讚和留言人數也變多了。

頭一個月，我很滿意改變生活模式帶來的這些成果，我過著和過去完全不同的生活，宛如得到了一個嶄新的人生。這時有人告訴我，他很羨慕我的生活，就像當初的我一樣。不過隨著日子一天一天過去，我心裡越來越不舒服。明明很累了，想好好休息，但交友圈變廣後，必須參加的聚會和該赴的約越來越多，倍增的出門次數讓我心力交瘁。當時的我就像一包灌了滿滿氮氣的洋芋片，光有看似富足的外表，裡面卻是空蕩蕩的。

這不是我夢寐以求的生活嗎？怎麼一點都不快樂呢？

好不容易過著過去的自己所羨慕的完美生活，爲什麼一點都不幸福呢？其實理由很簡單，因爲現在的我並不是眞的我。我所做的一切都是出於羨慕他人的心理，我強迫自己變得跟別人一樣，而不是做自己，刻意裝出來的樣子看起來一點都不自然。不！但凡裝出來的永遠都談不上自然。其實我一點都不喜歡用完美的妝容遮掩素顏，和硬著頭皮踩著高跟鞋的自己。無視自己天生的特質，滿腦子只想變得和別人一樣，我整個人就像喉嚨卡了魚刺一樣不自在。別人的人生看起來再美好，終究不是自己的。

✿ 我決定喜歡原本的自己。

我決定不再為自己不施脂粉的臉龐，
以及不用十根手指頭就數得完的朋友人數感到羞愧，
我決定接受這樣的自己。

因為我就是我。
我不會再用好壞來評斷自己的價值。
因為我身上的每個特質都是如此珍貴，沒有一處是不該存在的。
我不會再為他人的目光而活。
我不會再勉強自己過著刻意打造出來的生活。

現在這樣就很好。
能坦然接受自己的現狀很棒。
接受自己並不斷求進步的我超級棒。

我能發光發熱的舞臺

偶爾會覺得每個人都像我的敵人，
因為即使竭盡全力完成某件事，
只要有比我「更厲害」的人，
我就成了一個平庸的人。

人生中的一切就像階梯，想登天必須爬無數個階梯，過程中還要和其他人較量誰爬得比較高。天空看起來實在太美好了，上頭有星星、月亮、雲朵和太陽，是擁有一切的理想國度。

天空原本就是那麼美，又因爲所有人都渴望登天，讓它變得更美麗了。一想到其他人也和我一樣被天空吸引，就覺得自己似乎成了什麼了不起的人，我變得更渴望碰到天空了。

我一直想爬得比其他人更高，

但後來我發現一直以來敵人都不是別人，而是自己。必須快點起床的我和賴床的我、不能再吃的我和還想多吃一點的我、必須讀書的我和想休息的我、想發火的我和必須忍下怒氣的我、想放棄的我和必須撐下去的我……

我必須戰勝的對象從來不是別人，而是每個瞬間的自己。

這場較量中並沒有輸贏，只會決定我將成爲比現在更好，還是更糟的人。所以偶爾我會選擇成爲更好的人，偶爾會當一個不怎麼樣的人。有時候什麼事都做得滴水不漏，有時候又弄得一團糟。有些人覺得我是很有能力的人，有些人覺得我辦事不力。這都是我和每個瞬間的自己拉鋸後的結果。

能肯定的是和自己的鬥爭比和他人的更辛苦，因爲我們終究無法戰勝自己，也不會眞的敗給自己。選了眼前平坦的道路，未來的路就比較難走；現在選滿是荊棘的路，就得先承受苦痛。無論選哪條路都免不了辛苦的過程，世上大概沒有比這更折磨人的選擇了，而說穿了人生就是一連串的痛苦。

在和自己的拉鋸賽中，我領悟到自己心心念念的那片天空其實不在頂上，而是在我心裡。假如我認爲它在天上，它就在天上，我認爲它在地底，它就在地底。

沒有人能決定我所在的位置，只有我自己才做得到，所以一切都取決於我的心。過去的我還不懂，所以總仰頭望著天空。明明該低頭看看自己的心，卻將視線擺在錯誤的地方。

✿

其實我真正該看的是自己的心。
知道自己真正想要的是什麼，
知道心之所向才是最重要的。
必須要瞭解這些，

我才能找到自己能發光發熱的舞臺，
而那個地方就是我的天空。

我相信你能克服一切

你已經是個很棒的人了。
所以別拿自己和他人比較，別再貶低自己了。

他是他，
而你是你。

你明明做得很好啊！
怎麼你自己還沒看出來呢？

我會輕輕擁抱你。
我會一直看著你。
要記得你不是一個人。

就算犯了點錯也沒關係。
就算不夠好也沒關係。

人本來就無法時刻保持完美。

我知道現在任何安慰的話語，
都無法讓你好起來。
但看著你深深嘆息的模樣，
還是不禁想安慰幾句。

因為你的表情看起來，
好像下一秒就會掉下眼淚啊！

因為你的背影，
看起來是那麼痛苦啊！

我希望你永遠別忘記，
這世上沒有比你更美好的人了。

我每天都在變得更好

我每天都在變得更好。
就連痛苦的我、崩潰的我、動搖的我，
都是邁向康莊大道的過程。

每個人都會感到不安，這令人不快的感受可能今天來，明天就走，有時消失好一陣子再突然造訪。會被它找上門的對象不分年齡，十幾歲有十幾歲的不安，二十幾歲有二十幾歲的不安，三十幾歲也同樣有這年紀會有的不安，就連年過八旬的老奶奶也不可能逃得掉。在我們的一生中，「不安」這個情緒時不時就會出現，可說是位一有時間就來拜訪的「老朋友」。

當我感到不安，就會變成一個十分矛盾的人。不想再汲汲營營度日，想放下一切的同時，又擔心如果現在因爲承受不住選擇放棄，未來會因此後悔，所以總是拿不定主意。想著「就算沒盡全力也沒關係吧？」的同時，又害怕不全力以赴會和別人的差距越來越大。每每煩惱了整夜，問題還是沒解決，再度回到原點。

無論時間長短，不安的程度到哪，每經歷一次不安的情緒，我們就會變得更成熟一些。深陷不安的泥沼時，總覺得自己連地上的一縷髮絲都不如，但等你從名爲不安的這場暴風雨中脫身，再回頭看看，就會發現那些煩惱其實都是自己的養分，讓你用更成熟的角度看事情，做出更好的選擇，並成爲更棒的人。

「做得好」並不單單代表成功、實現和收穫，學會坦然面對失敗也是「做得好」的一種，就算沒如願達到設定的目標，只要在過程中學到了點什麼，就能說是「做得好」。一件事的成果是好是壞，不能用是否達成目標來評斷，好或不好取決於你的心和想法是否在嘗試的過程中有所成長。

✿

我有時會懷疑自己究竟做得好不好。
連我都無法相信自己，找不到任何地方能依靠，
整顆心都被厭惡的情緒填滿。

但無論其他人怎麼想，
至少我不該討厭自己。

因為必須打起精神撐下去的人，
不是別人，而是我自己。
就算被擊潰，也要當一塊堅硬的碎片，
別成為散落一地的碎屑。
細碎微小的日常能使我成長。
無論這一天過得是好是壞，只要撐過去就有意義。

從這個角度看來，
我每天都在變得更好。

練習不去討厭自己

別怪罪自己，
別覺得自己一無是處，
接受自己最真實的樣子。

人生旅途中總會遇見起伏，來到最高點的時候，覺得自己再幸福不過，走到最低點時，便覺得自己是世上最不幸的人。身處低谷時的心情錯綜複雜，用心痛、心酸、哀傷、煩悶、委屈……都無法準確地描述我的感受。有些人把這種狀況稱作創傷，一道人生中的傷。這樣的創傷可能會跟著你一輩子，有的會讓你變得更成熟，有些時間一久就淡忘了。

但大多數的創傷都太沉重了，沒那麼容易消失，疼痛的程度固然有區別，但再輕微也不代表不痛了。所以我們拚了命不讓自己受到傷害，但這終究是不可能的事，因爲我們無法控制外在的因素。既然我們能做的只有專注在自己身上，就別再被無能爲力的情況絆住腳步，把精力放在能做的事情上。即使處在負面的狀況中，因此受了傷，也要抬頭挺胸，別讓自己的價值觀跟著動搖。就算再難過、再委屈、再生氣，覺得自己快被搞瘋了，也不能讓這些情緒綁住你將跨出去的腳步。

我不是逼著你成爲多正面的人，而是要你學會不把兩件事混爲一談。當情況不樂觀，事情變得一團糟時，我心裡也會埋怨，但我從不責怪任何人，我埋怨的是讓我一顆好好的心受到傷害的狀況。

我不會連帶討厭自己的人生，雖然一路以來碰過不少波折，但我還是原本那個我，因爲我從不怨恨自己。如果覺得愛自己很困難，不知道要從何做起的話，就先練習不討厭自己吧！

別怪罪自己，
別覺得自己一無是處，
接受自己最真實的樣子，
就從這些開始練習吧！

閃閃發亮的人

微弱的光芒在黑暗中十分耀眼，
但身在明亮的地方，
難免被其他光芒蓋過。
明明閃耀著光芒，
我卻總覺得自己黯淡無光。

如果常拿自己和他人比較，自尊心就會在無意間變得越來越低。當我們無論做什麼，都會被拿來和他人比較時，就會害怕去嘗試新的事物。明明沒要求過別人替自己打分數，卻總聽到「那個誰都……、那個誰很……」的話，於是無論想做什麼，都會有些退縮。比起找出自己擅長、喜歡的事，本能地挑一些不會被比較的事情來做。到頭來只能過著不斷放棄，不是由自己主導的人生。

我覺得自己是個沒有一絲光芒的人。我的周圍有生活過得比我安穩的家人們、比我更活躍的朋友們、跳槽到好公司的同事們。相較之下，整天在家守著電腦，一事無成的我看起來是如此可悲。說起來也可笑，我原以為自己會成功的，但隨著年紀增長，我才發現自己和別人差了一大截。落後於人的事實讓我越來越不安，害怕自己再這樣下去會成為比塵埃還卑微的存在。

而讓我從不安情緒中解脫的契機是一個小小的現象。我發現關燈躺在床上滑手機時，螢幕的光線總是特別刺眼，就算把亮度調到最低，眼睛還是會很不舒服。奇怪的是白天就算把螢幕調到最亮，也不會覺得刺眼，假如站在陽光較強的地方，甚至連螢幕上的畫面都看不清楚。即便是同一支手機，同樣的亮度，只要周圍的情況不同，感受就不同。

其實我身上並不是沒有光。
只是身邊太多閃閃發亮的人而已。
就像美好的人身旁總會有美好的人一樣，
閃耀的人們也總是會聚在一塊。

過去的我沒有力氣環顧周圍，
才沒意識到自己所在的地方有多麼亮。

你只是因為身在光裡頭，
才沒發覺自己是多麼棒的人。
所以別再貶低自己了！
你絕對有享受幸福的權利。

你也和我一樣。

因為光是你的存在本身，
就足夠閃耀了。

名爲擔心的土壤開出一朶花

我是個很容易擔心的人。
我也不懂自己為什麼
總為還沒發生的事憂心。
適度的擔心無所謂，
但我總擔心過了頭，
晚上就連睡都睡不好。

常擔心東擔心西的人應該知道擔心能把自己弄得多累，所以我開始積極尋找解決的方式，想改善這個狀況。而我找到最好的方法就是提起筆，將所有憂慮都記錄到筆記本上，我會記錄到自己不再爲某件事擔心爲止。我的擔心筆記形式不固定，有時候是一篇日記，有時候是一幅圖。有時候寫了滿滿五頁才解決，有時候畫完一幅圖就結束。

把所有擔憂都寫下來也是個大工程，所以爲了不讓自己寫到手痠，就會盡量試著不過度擔心某些事情。開始寫擔心筆記後，我漸漸

地對擔心這件事感到不耐煩。躺著東想西想的時候一點都不累，但現在卻要動手將那些無謂的擔憂全寫下來，擔心對我來說反倒成了一種負擔。而當擔心變成一件辛苦的事，我擔心的次數便大幅減少，不再像過去一樣總是一個接一個地找上門來了。

擔心筆記也是未來能回想自己當下想法的一個契機。「原來我曾有過這種煩惱啊！」、「這個問題後來還是解決了呢！」、「原來這個問題到現在還是沒解決啊！」、「下次應該要這麼做才對！」，回顧過一路走來的歷程，就好比爲自己施加播種前的肥料，讓你在又遇到同樣的問題時能更從容地應對，保有成熟處事的態度，這就是從名爲擔心的土壤開出的花。而爲了開出這朵擔心花，我們的心會被無數的淚水浸得濕透。

生活中難免會遇到不得不擔心的情況，但我們不用爲此太過傷神，因爲擔心並不能解決任何事。擔心一點都不重要，我們需要照顧的是自己的身與心。人生並不會因爲擔心變好，所以把當下過好就好了。畢竟未來會發生什麼事沒有人知道，就算事先擔心了無數次，當事情眞的發生了，一切還是得從頭開始。

✤ 是啊，其實仔細想想這都是第一次呢！

今年經歷過的事，
今天一天發生的事，
甚至連此時此刻，
都是第一次啊！

第一次難免會忐忑，會害怕，會感到迷惘，
這都是理所當然的呀！
所以什麼都不用擔心。

因為這一切都再自然不過了。

如果不願被他人的目光影響

不必被他人的評價束縛。
每個人給出的評價都不盡相同，
既然不是絕對，
就不用為此氣餒。

其中一個能形容我的形容詞是「敏銳」，有些人稱之爲「敏感」、有些人說這叫「心思細膩」。

之前和同事們一起進行編輯作業時，我曾被稱讚很細心，因爲再小的細節我都能提出意見，同事還說細心對我未來的發展會有很大的幫助。但同樣的情況下，有人說我太過敏感，認爲每個細節都一一確認的話，只會把自己弄得疲憊不堪，一定撐不久。

我有一陣子很討厭自己的個性，因爲周圍的人總是把我的「敏銳」說成「敏感」，從小就常聽人家說我太過敏感，叫我要學著遲鈍點。也正因爲清楚「敏感」這個詞通常帶有負面的意思，我也曾經想過要改變自己原本的樣子。

「你未免太敏感了吧？差不多就好啦！」

我也不是故意拘泥於細節，只是無法不在意而已，但身邊的人卻總說得好像我做錯了什麼一樣。後來爲了不讓人說我太敏感，我試著想改變自己，但努力了十多年，終究還是改不掉這樣的個性。眞要說有什麼成果，大概就是學會如何不在別人面前表現出敏感的一面吧！

一直到長大成人後，周圍才開始有人用「心思細膩」來形容我曾被說成太過敏感的個性。這時期的我常常寫文章、畫圖、接觸音樂，從某個瞬間起，我開始將心中的感受和情感透過文章或圖畫細細地表達出來，心思細膩成爲了我的優點、我的魅力與競爭力。過去的我以爲非得改掉自己太過敏銳的個性不可，但現在的我終於瞭解正因爲有著敏銳的觀察力，我才能細細品味細節，成爲一個心思細膩的人。而這樣的細膩也成爲一種動力，讓我能持續寫下讓人產生共鳴的文章。

✤就算看見同樣的面貌，
有些人會認為是優點，
有些人會認為是缺點，
本來就沒有正確答案。

我的人生還過不到一半，
不，說不定還不到四分之一呢！
誰有資格斷定現在的我是破銅爛鐵還是瑰寶呢？

我決定不再為他人的評價而氣餒，
縱然會有人對我指指點點，
但也總會有人伸出他的手，
輕輕地摸摸我的頭。

背上的翅膀

每當我對失敗感到恐懼時，
我就會告訴自己既然不曾有過如登天般的成就，
就算跌倒了也不會一下就掉進深不見底的谷底。

就算失敗了，
也不過就像被路上的石頭絆倒，
或是不小心摔進泥濘裡而已。

被石頭絆倒了可以重新站起來，
身上的污泥能用乾淨的水洗去。

哪怕失敗了，也不過就是這樣而已。
那麼在各種挑戰面前就無需心生畏懼。

假如某天你摔了很大一跤，

摔得腳也斷了手也廢了，
和被石頭絆倒跟摔進泥濘完全不能比，
就當作自己正在接受考驗吧！

就當是來自這個世界的考驗，
看看我們是否有資格擁抱更廣闊的世界，
是否有資格享有更高的榮譽。
老天是為了賜予無比的幸福，
才給我們如此艱難的試煉。
在得到那份幸福之前，我是絕對不會回頭的！
無論如何我都會撐下去。

誰知道呢？
說不定上天會賜給我一對翅膀呢！

享受人生旅途的風景

賽馬參加比賽時會戴上專用眼罩，
遮掩部分的視野，
馬匹才能專心向前奔跑。
但我們千萬別當一隻
只看著前方奔跑的賽馬，
畢竟人生旅途的風景是那麼美啊！

我有時心裡會很忐忑。在想要的東西到手前，我的心會動搖無數次，會感到不安，覺得自己彷彿跌落谷底。但也是沒辦法的事啊！這就和肚子餓了會想吃東西，累了就會想睡覺一樣，得不到想要的東西，心裡又怎麼會舒服呢？無法如願得到自己想要的，應該沒有人開心得起來吧？所以心裡會有負面情緒是很正常的事，千萬別因此動搖。開始動搖的瞬間，目標就會變得模糊，也會偏離原本前進的方向。在人生路上，沒人追在我身後，我也不用逼著自己追上誰，人生原本就是條獨自前進的路。覺得總有人追在後頭其實是種假象，這就跟鬼壓床是一樣的道理，明明眼前沒有鬼，卻因爲被突然動彈不得的情況嚇到，想像出有鬼在壓自己的假象。我也因爲心裡缺了一塊，就覺得有人緊緊追在後頭，總覺得自己在跟某個人較量。

其實這一切都是我與自己的競爭，看我能不能放下不安與焦慮，好好度過難關，能不能戰勝恐懼不放棄，克服所有關卡，能不能在事情無法如願解決時，坦然接受這樣的結果。一直以來都是我和自己的拔河，與他人無關。

人生是一場必須不斷前進的旅途，我們要一直往前走，直到走到路的盡頭。如果無論如何都得走，我想好好欣賞沿途的風景。直視前方奔跑不代表就能提早達成目標，盲目地向前衝只會讓我們在抵達終點前就將力氣用盡。即便竭盡全力奔跑，也不見得能得到想要的結果，決定賭上一切，就可能落得一無所有。

休息一下再繼續前進也沒關係。

只是停下腳步喘口氣，世界不會拋下我們離去，我們的價值不會因此減少，才能也不會就這樣消失。欣賞風景不是什麼難事，不需要花費多大的力氣，只要稍微抬起頭，就能看見蔚藍的天空和在藍天恣意作畫的雲朵。放慢腳步就能看清自己眞正想走的是哪條路，坐下來休息一會，就能從容地思考未來前進的方向。

比較短跑選手和馬拉松選手誰先抵達終點，或是誰跑得更快沒有任何意義，跑的路線和目標都不同，要怎麼放在同一個天秤上比較呢？所以不用爲了還看不到終點而急躁，我們的終點只是比其他人更遠一些而已，並不是不存在，要相信自己總會達成自己設下的目標。

記得小時候只要有運動會，
大人們就會這樣告訴我，
不一定要當第一名，但一定要跑到最後。
賽跑不是要比誰能最快跑到終點，
而是看誰能堅持到底，
好好跑完全程。

所以稍微慢一點也無所謂。
能堅持到最後才最重要。

沒關係，沒關係，沒關係

我患上了「沒關係病」。
發生什麼事都想說服自己沒關係的病。

身體不舒服，沒關係。
有人在背後說我壞話，沒關係。

和男朋友分手了，這也沒關係。
冷不防被公司開除了，還是沒關係。

無論遇到什麼事，我都告訴自己沒關係。

但我的心不是真的沒關係。
不過是想快速帶過這一切才這麼說。

如果說得更白一點，
我只是找不到能夠不堅強的理由。

就算喊痛，病也不會好不是嗎？
有人在背後說我壞話又怎樣？
難不成要跑去找他算帳嗎？
反正也不可能跟那個人復合了不是嗎？
難道要去找老闆吵為什麼要裁員嗎？
這麼多問句，
我沒有一題能充滿自信地回答出來。
因為在每個無能為力的狀況下，
我都是如此渺小。

所以我才拚命告訴自己沒關係。
如果沒有辦法改變結果，
把負面情緒留在心裡，
吃虧的只有我自己。

所以就算一點也不好，
還是只能說沒關係。
把沒關係掛在嘴邊早成了我的習慣。

將心寄託在幻象上

最近總會做被擁抱的夢。

一個看不見面孔的黑影緩緩朝著我走來，

給孤獨的我一個大大的擁抱。

每當我覺得心裡難受時，比起依靠他人，更傾向於自己克服。不向伴侶、朋友求助，也不借酒消愁，總想靠自己重新站起來。因爲我很清楚如果總跟身邊的人訴苦，即便是再親近的人也會受不了。所以我在人前只表現出開朗的一面，報喜不報憂。要是有人問我：「你還好嗎？」我總會回答對方：「嗯，我沒事！」

「我沒事」這句話是張十分完美的包裝紙，無論當下的情況有多糟，只要我說沒事，周圍的人就不會再追問了。不會問發生了什麼事，不會問我所謂的沒事是什麼意思，也不會問我怎麼會沒事，根本沒半個人好奇。大家都抱著「你說沒事就沒事吧！」的想法，草草結束這個話題。但這說不定就是我最想要的結果，因爲我不想聊過於沉重的話題，毀了當下的氣氛。這也是爲什麼我無論在什麼場合都笑臉迎人，只是眼神和心顯得有些空洞而已。

但回到家後的情況就不同了，我將所有痛苦、委屈一口氣全宣泄出來，接下來試著自己消化那些負面情緒。我有時會哭上一整天，有時打整天的電動，有時就不停地睡，下定決心要獨自承受那些令我難受的事。

我並非打從一開始就是一個人。

我似乎從某個瞬間起，就一直和其他人保持一定的距離。

我也曾經對人敞開心扉，曾經在痛苦時靠在他人的肩上療傷。但那些對我的苦痛嗤之以鼻的人、隨意將我的痛苦說出去的人，和好不容易說出口的傷痛，最終成爲別人茶餘飯後話題的經驗，讓我關上了心門。大概就從那時候起，我開始覺得自己一個人比較輕鬆。

我並非從一開始就選擇了孤獨，但與其被人所傷，寂寞可能來得更好一些。這樣的我卻做了一個安心地窩在別人懷中的夢，而對象甚至是個連面孔都看不清的黑影。

其實我也想有人能依靠，想找人分擔我的痛苦，只是因爲無法這麼做，我才努力壓下自己心中的渴望，告訴自己沒人陪也無所謂。畢竟承認自己其實不想一個人，只會讓我更痛苦而已。

✿

嘴上說著自己一個人比較自在，
但說不定我其實比任何人，
都還要害怕孤獨。

因為我從不願承認自己很孤單，
總忙著否認這個事實。

老實說我真的不想一個人，
我也想要有人陪。

想要被人擁在懷中沉沉睡去。

聽說成為大人會變得寂寞

難受的時候明明很想依靠你，
但一聽到你其實也很痛苦，
我也只能繼續強顏歡笑。

過去遇到什麼難受的事，我也會下意識地依靠身邊的人，但在我知道每個人都有自己的苦楚後，就無法繼續這麼做了。自己的事要自己承擔，怎麼能把它放到別人的重擔上呢？分享能使快樂加倍，分擔能使悲傷減半的話早就過時了，在這個充滿競爭的社會上，分享喜悅會成為他人嫉妒的對象。而在這本來就讓人倍感壓力的社會裡分擔傷痛，只會讓身邊的人都染上憂鬱的情緒。

「能養活自己就好。」

我原本以爲這不是一件難事，但出社會之後才知道這根本不容易，要養活自己實在太困難了。我曾經以爲自己長大之後，會有個很了不起的工作。在井底時，遇過最大的危機不過就是不停湧進井裡的雨水，我總是爲了不沉進水底拚命掙扎，雖然累但稱不上多辛苦。不過就是解決了這點危機，我就對自己有無比的信心，做著離開井底之後，做什麼都能成功的春秋大夢。到了現實世界，我才發現自己就連要生存下去都有困難。現在的我已經沒了井壁的保護，而這是個如果能力不夠，連找個舒適的窩都有困難的社會，每分每秒都戰戰兢兢，生怕被比我更強的人淘汰掉，只要犯下一點錯，就會立刻成爲強者咬在口中的獵物。

經歷過的人就知道要養活自己有多麼不容易，也知道身邊的人和我一樣辛苦，就越來越不敢依靠他們。就因爲太清楚身邊的人也和我一樣過了神經緊繃的一天，不想再成爲他們的負擔，所以每次面對他們時就只能硬著頭皮擠出笑容，說一些無關緊要的事，將眞正想說的話深深藏在心底。

✿

我最近越來越容易覺得寂寞。
之前明明只有秋天才會覺得特別孤單，
最近寂寞卻不分四季地找上門來。
本來還想不透原本不怕孤獨的我，
怎麼會突然這麼容易感到孤單，
後來想想大概是因為沒人能分擔我的心事吧？
好想找個地方把想說的話全喊出來啊！

說我現在真的好孤單。
說我痛苦得就快瘋掉了。

聽說成為大人會變得寂寞，
那種寂寞大概就是無法將寂寞說出口吧！

關於強忍悲傷

我們要學著對悲傷寬容一些，
就像我們對待喜悅時一樣。
這世上沒有任何一種情緒是沒有意義的。

戰勝悲傷最有效的方法就是定下期限。我嘗試過假裝不難過，也試過裝作自己很堅強，但到頭來還是一點用也沒有。刻意無視悲傷的存在並不能眞的解決問題，當下好像沒事了，但埋藏在內心深處的悲傷，終究還是會在某個瞬間傾瀉而出。裝作不難過只會讓自己在憂鬱的泥沼中越陷越深，就算外表看不出來，臉上的笑容也並非出於眞心。久而久之，連自己都無法說明自己的情緒，陷入越來越深的悲傷中。強裝堅強只能讓人以爲我沒事，但只剩自己一個人的時候，會變得加倍難受。

當我瞭解到無視悲傷只會讓自己更痛苦後，決心不再逃避，但這同時也帶來了副作用。當我放任自己沉浸在悲傷之中，整個人變得越來越疲憊，感覺不到時間在流逝，感覺不到日子和季節的變換，也開始對世界感到麻木。我意識到總是這麼做的話會嚴重影響到自己的生活，最後在各種嘗試之下找到了這個方法。

那就是爲悲傷定下期限。

一星期也可以，一個月也沒關係，在這段期間盡情難過，時間一到就回歸日常。這是我和自己定下的約定，所以也要靠自己遵守。

當然這樣的期限也不可能完全沒有誤差，有時說好只傷心一個月，卻因爲心還沒復元，一天拖過一天。但這也沒關係，只要曾經定下期限，心中就會自動響起警鈴，冒出「啊！我明明告訴自己只傷心一個月，現在時間已經超過了」的想法，接著悲傷的情緒就會慢慢好轉。

✤

人們似乎習慣了壓抑心中的悲傷，
就是不願傾吐那即將超出負荷的情緒。

我為此感到很憂心。
我們活著就是要去感受各種情緒，
卻因為認為悲傷是不好的，
無法輕易表露悲傷。

我們要學著對悲傷寬容一些，
就像我們對待喜悅時一樣。

這世上沒有任何一種情緒是沒有意義的。
悲傷沒有我們想得那麼糟糕。

請給我一顆能撐下去的心

日子過久了，
就會知道活著本就會面臨許多不同的關卡。
知道現在我所面對的難題，
也許只是件雞毛蒜皮的小事。
未來說不定有更大的難關等著我。

瞭解到總喊著很辛苦的我，
在別人眼裡可能就像個鬧脾氣的孩子。
這年紀本就是在毛毛雨中，也會淋得全身濕透。

我不求上天不為我設下難題，
因為這是奢望，是不可能發生的事。

所以我只祈求上天，
給我一顆能在難關中默默撐下去的心。
讓我不輕言說放棄。

比起安穩的生活，我更想過上好生活。
好生活不代表要賺很多錢，
或是要爬到多高的位置上。
而是做自己想做的事，並從中感受到幸福。

現在的社會就是只要有錢，想做什麼都可以。
只要身處高位，就沒什麼事辦不到。
所以我也想賺很多錢，
也想要爬到很高的位置上。

但我想做能讓自己感到幸福的工作來賺錢，
也想靠著自己的實力，
爬到更高的地方。
假如想過上我理想中的生活，
路上必然會經歷許多波折。

所以我祈求上天，
給我一顆能在難關中堅定地撐下去的心。
讓我不輕易選擇逃跑。

我有自己想要堅持的價值觀。
所謂價值觀就是無論遇到什麼情況，
都不能夠動搖。
但只要活著，
就會遇到無數個可能動搖自己價值觀的瞬間。

這個瞬間就像一場站在交叉路口的考驗，
決定我會成為一個正直的人，
還是正好相反。
而這樣的考驗可能會不斷地出現。

無論未來還要面臨多少次交叉路口的抉擇，
我都想毫不猶豫地做出正確的選擇。
無論如何，
我都不想當一個無法區分對錯的人。

所以我祈求上天，
給我一顆能在難關中毅然撐下去的心。
讓我不變得軟弱。

請給我一顆再怎麼辛苦，都能撐下去的心。
請讓我無論在什麼情況下，都能勇於面對。
請讓我別太過折磨自己。

求求祢了。

致在愛情中仍生澀，不知如何是好的我

第二句咒語

在愛面前變得勇敢

我數著離別

我們的生活中少不了離別。
隨著年紀增長，
與人的離別似乎變得比相遇
更讓人習以為常。

我曾經因爲害怕離別，無法切斷一段不適合的緣分，明明心裡很清楚彼此不適合，卻狠不下心結束這段關係。當時的我以爲自己說不出分手是因爲還愛著對方，以爲心中還有留戀，才會硬是一天拖過了一天。但現在回頭想想，當時我無法和對方分開的理由不是還有感情，而是沒有自信面對分手後的自己。

光是剪掉留長的指甲就會感到空虛了，更何況是要割捨掉一段回憶呢？我因爲害怕那股空虛感，緊緊抓住一段不適合的緣分，浪費了時間、情感，還弄得滿身是傷。回憶就跟指甲一樣，要是沒有適時剪掉，終究會長歪、會斷裂。如果不在該放手的時候結束，就連美好的回憶也會跟著被弄髒，就像雪白運動鞋沾上了泥濘，終究無法只擦髒掉的地方。

成爲大人之後，我意識到生命中就是充滿離別。除了和戀人分手之外，還有許多不同的離別，像是和朋友分道揚鑣，和父母分開，在不得已的情況下賣掉愛惜的物品，還有那些必須放棄夢想的瞬間。但凡我的任何一部分離開了，都稱作離別。

我們每瞬間都活在離別中。

有擁有就一定有失去，所以當我們得到某樣東西，總有一天會面臨離別。過去的我只要想要什麼就非得要得到不可，不管對象是人、物品還是目標。但在我知道無論是什麼東西，緊握在手中不代表就能永遠擁有它之後，我便開始害怕得到些什麼。因爲我很清楚心痛的離別可能正緊緊地跟在擁有的後頭。

現在的我已經不害怕離別了。離別依然會在我身上留下傷口，但我已經學會縫起傷口的方法。雖然依舊無法平心靜氣地面對離別，但我已經學會接受它，接受分離本就是生命必經的過程。

離別在字典裡的意思是分離、無法相聚。

到目前為止，我和多少曾在我心中，
曾在我身邊的人事物分開了呢？

我緩緩地數著離別。

無名的季節

你是對我來說最殘忍的季節。
無奈季節不是我想跳過，
就能跳過的存在。

你也是如此。
不是我想逃避就可以不用面對的存在。
你是我人生中必經的歲月。
你不是春天，不是夏天，
既不是秋天，也不是冬天。
你是如此柔軟，有著令人心曠神怡的香氣。

你是我從未碰過的季節，
所以連怎麼為你取名都沒有頭緒。
但沒有名字也無所謂。
我來記住你就好了。
只要想起你，
我的鼻尖就能聞到專屬於你季節的香氣。

明明搞不清楚心中的自己是什麼模樣，
我卻能立刻想起心中的你的樣子。
這大概是因為我很喜歡你吧？

我也弄不清緣由，
但你的一切就這樣闖進了我心裡。

你就像上天注定好的緣分，
來到了我身邊。
本可能成為在街上擦肩而過的無數行人之一，
你卻堅定地走近，停留在我身邊。

你讓偶然成了命運。
你成了我的全世界。

你曾是我的愛情。

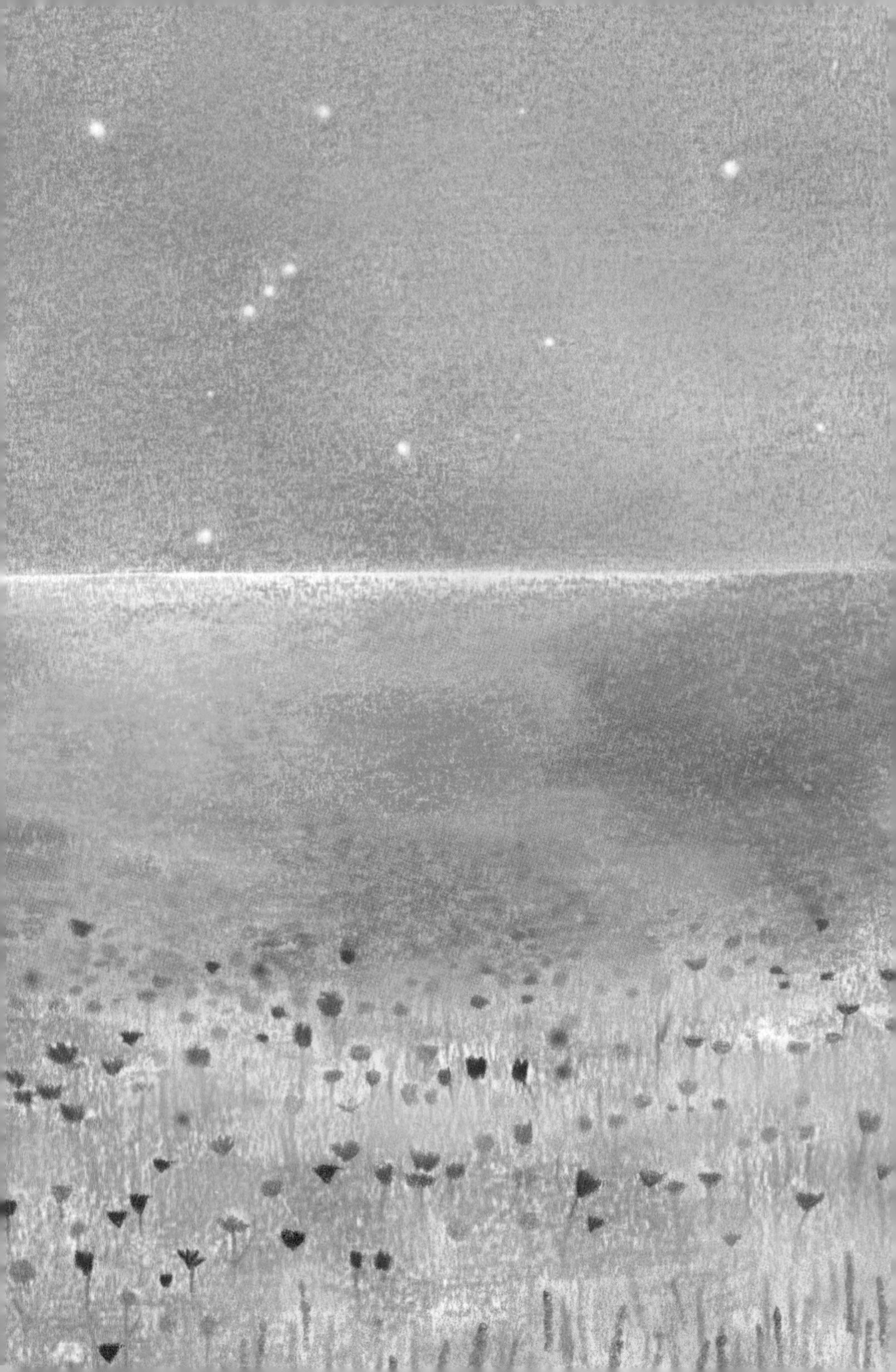

第一場戀愛，第一次分手

回憶正因為是回憶才美麗。
如果為了回味當時的感受，硬是提起往事，
美麗的回憶就會成為一縷白煙消散而去。
回憶還是停留在回憶中最美。

那是我的第一場戀愛，第一次分手。戀愛因爲是兩個人一起，就算不知道該怎麼做，也能攜手一步一步向前。但分手的痛卻只能自己承受，這讓當時的我茫然失措。什麼都吃不下，只能不停地掉眼淚，難受的程度跟到牙科接受蛀牙治療是有過之而無不及。雖然心痛，卻不知道要怎麼做才能好一些。

所以我去了和那個人經常一起散步的街道，只要站在那，我彷彿就能看到他的身影、他深情牽著我的手的樣子、用奇怪的表情逗我笑的模樣，還有將一邊的耳機遞給我，一起聽音樂的樣子。只要在那裡，我就能看到現在就算想見也見不到的他。我踏著和過去的我們同樣的步伐，他的個子比我高，步幅也比我大，每次我都要追在後頭，嘟囔著要他走慢一些。我整個人沉浸在那段回憶中，繼續走著。

當時的我，當時的我們。

我以爲這麼做我就會好受一些，卻因爲身邊空無一人，變得更加空虛。過去總能感覺到左側傳來他的溫度，現在再也感受不到了。

我的淚水，再度湧上眼眶。

到了老地方，卻看不到過去總在這的那個人，我的失落感更重了。雖然爲分手而心傷，但一直沒有什麼眞實感，直到獨自站在與他一同走過的街道上，我才感受到我們眞的分開了。對行人們來說，這只是一條普通的路，對我來說卻是一條滿是回憶的路，也正因爲如此，我才會每走一步，心就狠狠地痛一下。

和那個人交往時，這條路看起來是多麼美啊！
不管是沿著路邊盛開的杜鵑花，
還是途中能讓人坐下歇息的長凳，
都是那麼美，那麼撫慰人心。

分手後我又來到這裡，
現在看來卻一點也不美了。

比起盛開的花，
映入眼簾的幾乎全是凋零的花瓣。
颱風肆虐後成了一片狼藉，
路邊的長凳也坐不了人了。

那條路上不復見笑得燦爛的我，
只剩無神的我呆呆站在那。
我以為和那個人一起走過的路，
會用溫暖的氣息包圍我，
但我感受到的只有孤獨。

我的心瞬間沉到了谷底。

其實美的一直都不是那條路，而是我和那個人在一起時的模樣。是我們有說有笑的幸福模樣讓那條路變得美麗，但現在的我失去了笑容，也少了那個陪我說話的人，既然感受不到幸福，眼中的路又怎麼會美呢？如果沒有那個人相伴，這一切就沒有意義，讓我的心變得溫暖的存在已經消失了。

一切都結束了。

終將產生交集

改變對方最好的方法，
就是讓自己變成很棒的人。
默默地讓自己越變越好，
那個人就會想變得像你一樣。

人是會改變的，只不過沒那麼容易而已。但即使人有辦法改變，我們也無法改變他人，能否改變取決於那個人是否能下定決心。就算以身作則表現給對方看，他也不見得會改變，我做得再好都是我的事，和對方是否要改變沒有任何關聯。從自己做起可能多少有助於對方產生想改變的動力，但終究無法直接改變對方。

我在瞭解這點之前，是個非常執著的人。一直希望對方成爲更好的人，展現更好的樣貌。如果用說的行不通就開始撒嬌，再不然就是鬧脾氣、發火，有時甚至會直接哭給對方看。每當我這麼做，對方就會有些微的改變，但這樣的改變都是暫時的，最長撐不過一年，說穿了就和在哭鬧的小孩嘴裡塞根棒棒糖沒什麼兩樣。

看著無論我做了再多努力，還是沒有任何改變的那個人，挫折感總會湧上心頭，開始怪罪自己怎麼這麼沒用。有時候也會擅自揣測對方的心意，猜想對方是不是不夠愛自己，才不願意爲我做出改變，自己弄出一套標準。過去有些人就是受不了我這些不成熟的想法，最後才會選擇離開。

當時的我不知道自己所堅持的，對某些人來說可能是強人所難，不知道別人不見得能認同那些我認爲好的事情。其實我自己也是一樣，就算知道青花菜對身體好，還是很討厭那個味道，比起硬著頭皮吃下去，寧願選擇其他吃了會開心的食物。我過去的勸說一定多少起了些作用，只是因爲習慣太難改了，才沒辦法馬上看到對方努力的成果，又或者該說是我給對方的時間太少了。

改變對方最好的方法，其實就是讓自己變成很棒的人。我先成爲那樣的人，總讓對方看到美好的一面，他也自然會被影響。只要讓對方意識到你是個多麼棒的人，他就會有想變得更好的動力，會爲了不失去你而努力。久而久之，對方就會將變得和你一樣好當成目標。

如果想看到對方變成什麼模樣，就先從自己做起吧！畢竟要改變他人的個性是不可能的，如果要把缺點一個一個挑出來，硬是要對方改掉的話，兩人之間免不了爭吵。要是這樣的爭吵重複上演，最終會走到再也無法用愛包容對方的那天。

✿

對方畢竟不是我，是別人。
別人的心跟我的心怎麼可能完全一樣呢？
連自己的心都無法搞定了，
怎麼還敢想著要控制別人的心呢？

比起強迫對方變成自己喜歡的模樣，
不如和對方分享你喜歡的樣子。
有時候配合我的喜好，有時候配合你的。

分享著彼此喜歡的模樣，
總有一天會產生交集。

致勇敢愛過的你

當比較喜歡對方的那個人，
其實不是什麼壞事。

壞的是自以為擁有優勢，
就利用對方的人。

這不是你的錯，
所以別再自責了。

你付出了真心，
直率地表達了自己的感情。

沒有算計和若即若離，
你選擇不用這種方式談戀愛。

你不害怕未來會發生什麼事，
選擇傾聽此時此刻自己想要什麼。

我好想告訴勇敢愛過的你，
你真的很棒！

你在這段感情中真的做得很好。
談了這麼一段令人心痛的戀愛，辛苦你了。

所以別再為他傷心了。
把心中的疙瘩全都放下吧！

因為那段即將到來的愛情，
會給你滿滿的幸福。

除了這個缺點，一切都很棒的人

如果這個人會讓你露出最不堪的一面，
就算再痛苦也要盡快和他分開。
因為會讓我變得如此不堪的人，
必定會為我帶來傷痛。

我是個很不喜歡衝突的人，所以只要能不計較的事就不計較，還能夠忍受就盡量忍，因爲我知道無論是誰的錯，我在爭執後都會後悔。因爲這樣的個性，我跟認識超過十年的朋友們也沒吵過架。不是想吵架但強忍著不吵，而是不去做會讓彼此吵架的事，對我來說這不是什麼難事。

但有一個人例外，他總是有辦法讓我生氣。談戀愛的時候難免會發現和對方合不來的地方，但那個人的狀況不太一樣。也許是因爲我在父權家庭長大，對「我可以，但你不行」的觀念非常反感。那個人恰巧就是這樣，禁止我做某些事，但自己做就無所謂，這眞的快把我逼瘋了，其他我都可以忍，但這一點我眞的無法就這麼算了。

我曾經告訴他很多次，不准我做的事情他也不能做，他能做的事也不能阻止我去做，拜託他至少要做到這點。每次他都好像聽進去了，但那畢竟是和我交往前就有的習慣，不管怎樣就是無法完全改掉。雖然我也能就這樣拖著，等他改掉這個習慣，但這實在太困難了。只要同樣的情況再度上演，我就像火山爆發一樣，完全無法壓下怒氣。接著我又會爲此難過，想著爲什麼偏偏是這個問題呢？明明除了這個我都能忍，爲什麼我愛的人就正好是這樣的人呢？他除了這個缺點之外，就是個很棒的人啊！我總是埋怨老天爲什麼要讓我因爲這件事情這麼痛苦。

我們吵架的頻率越來越高，一星期吵個兩三次都很正常。好幾次都痛苦到想分手，卻沒有一次成功。雖然痛苦，但我還愛著他，光是因爲這點我就無法跟他分手。而讓我在無數次吵架、和好之後，能下定決心和他分開的原因是我看見了從未看過的自己。我因爲無法控制自己的怒氣，用著連自己都會嚇到的音量大吼大叫，那完全不經修飾的咒罵聲嚇到了他，也嚇到了我自己。一想到我居然表現出這麼不堪的一面，就覺得自己很悲慘。

沒有其他特別的理由，只能說忍三年實在太久了。之前連光靠愛是撐不下去的狀況下，我都挺過來了，但當忍受的程度到了臨界點，就算有愛也不管用。愛情會讓你用「儘管如此……」包裝一切的迷幻藥，要你無論遇到什麼狀況都選擇忽略，繼續奮不顧身地去愛。

但三年過去後，我似乎也對這樣的迷幻藥產生抗藥性，它在我身上無法再發揮任何藥效。「三年，我也忍得夠久了」的想法冒出來的瞬間，我再也忍不住怒火，接著在沒有任何修飾的狀況下，全都爆發出來。

我實在受不了這樣的自己，所以下定決心和他分手，因爲深知過去的我就算再怎麼生氣，也不可能這樣跟人大吵。我曾經認爲如果對方除了這個缺點，其他都沒什麼能挑剔的就千萬不能分手，但在發生那件事之後，我便改變了想法。就算其他方面都是個很棒的人，如果他會讓我露出最不堪的那一面，就必須要分開。這就好比再餓也不能吃有毒的食物，那個人也是我不能放入口中的毒藥。

就算愛得再深，我也無法忍受這樣的他一輩子。

「除了這個缺點，一切都很棒」
是在愛情裡最容易踏入的陷阱。

最該留意的明明就是那個缺點，
卻被「一切都很棒」給美化了。

而這都是因為愛。

無論是誰，只要讓我不得不露出最不堪的一面，
他就必定會為我帶來傷痛。

就算此時此刻覺得和他分開比死還難受，
未來回過頭來看，就會知道決定分手是對的。

所以只要覺得不適合就快分開吧！
希望你未來能被幸福給包圍。

走過漫長時光的愛情

想擁有美好的事物是再正常不過的事了，
但不是每個人都有機會得到。
我會是那個有資格擁有美好事物的人嗎？

那天我剛從超市採買完，在回家的路上看見一對老夫婦朝著我這頭走來。奶奶看起來行動不是很方便，右手撐著一支拐杖慢慢走著，爺爺的右手拿著一支粉紅色的陽傘，爲奶奶擋去刺眼的陽光。他們沒有說話，就這樣默默地走著。

這個時間孩子們都去上學了，大人們也正在上班，街上只有我的腳步聲，和奶奶的拐杖落地的聲音。當我們之間的距離稍微拉近了些，奶奶突然停下了腳步，看起來感覺很吃力。就在這瞬間，爺爺似乎在想些什麼，把頭轉向另一邊後開了口。因爲距離還不夠近，我聽不清楚他說了什麼，但感覺是在自言自語。因爲爺爺說話時並沒有看著奶奶，只是獨自看著周圍念念有詞。當我和他們擦肩而過時，我聽見奶奶說：「哎呀！好累啊！我休息夠了，繼續走吧！」

奶奶一說完，爺爺也停止自言自語，拐杖的落地聲再度響起，我這才知道爺爺的自言自語是他等待奶奶的方式。如果靜靜地停在半路中，他怕奶奶會覺得難爲情，所以才故意東看看西看看，找點話說。這是爺爺的貼心，是他告訴奶奶「我無所謂，你好好休息」的方式。

✿

不將感到疲憊的另一半拋下。
不因為腳步比我慢了些就出聲催促。
我在神情自若地等待另一半的爺爺身上
看見走過漫長時光的愛情。

過去的我又是如何呢？
是否因為不合自己的心意就怪罪另一半？
是否因為另一半不配合自己，就鬧脾氣？
是否試著體諒對方的難處？
是否試著瞭解對方真正想要的是什麼？

我仔細審視過去的自己，
看看我是否和那對老夫婦一樣，值得擁有美好的愛情。

愛的溫度不盡相同

春、夏、秋、冬，
每個季節的氣溫都不同。

因為相遇的時間不同，
愛的溫度也不盡相同。

不是只有熱情如火才能稱作愛情，
愛可能很溫暖，可能是常溫。

只是貼上倦怠期這個標籤後，
溫度不夠彷彿成了什麼大問題。

但無論是什麼溫度，
適應之後都是不冷不熱。

這份愛不是不夠火熱，
只是我們習慣了這樣的溫度。

何不試著相信選擇這個人的自己呢？

當初就是因為愛他，
才會選擇這個人的不是嗎？

只要學著適應，就會漸漸習慣

我決定平心接受有時候得獨自完成某些事，那些過去總是兩個人一起做的事。只要學著適應，就會漸漸習慣。

他曾說過很喜歡和我單獨吃飯，所以總把其他約都往後延。就算我告訴他別這麼做，他還是每次都堅持跑來見我。他總說想帶我去吃好吃的東西，所以每次都認真地挑選餐廳。他在我面前總是笑得那麼開心。我想這就是他愛我的方式，所以決定尊重這樣的他。

他在我面前總會變得很健談，一旦對話中出現尷尬的沉默，他就會立刻開啓新的話題，努力逗我開心。無論是吃飯的時候，還是在訊息裡、電話中，他都有說不完的話。我想這也是他愛我的方式，所以決

定尊重這樣的他。

幾個月後，他似乎已經習慣我的存在。之前只要是週末，我們就一定會見面，最近他卻不說一聲就約了別人。有時候是跟朋友見面，有時候是同事，有時候是……。他眼中不再只有我了，但我想這也是他愛我的方式，所以決定尊重這樣的他。

本以爲不會變的人，最終還是敗給了時間。但我不想否定這樣的他，畢竟除了我之外，他還得顧及身邊其他人的感受。突然出現在他的生命中，打亂他步調的不速之客是我，過去幾個月來，他也爲我做了很多，所以我不要緊。

嘴上說沒關係，心裡還是難免有些苦澀。我曾想過這個人會不同，但到頭來還是一樣，習慣了我的存在，沒有新鮮感了，就把我擺在一旁。就像拿到新玩具的孩子一樣，剛開始覺得新奇每天都抱著玩，但一段時間後玩膩了，當初的熱情也消失了。

我決定開始練習一個人生活。在遇見他之前，我自己吃飯、看電影，享受自己一個人的旅行，我曾經也是個無論什麼事都能自己做好的人。我決定不再將所有心思花在愛情上，決定把重心放在自己的人生上。我想去見見之前因爲整天被那個人綁住，沒有機會見的朋友，好好享受少了他的長篇大論後，多出來的自由時間。現在沒人會抱怨我忙到忽略了他，我也不用花時間安撫他，終於能好好完成之前沒做的事。

我其實很好奇他會怎麼看待我的改變。我只希望他別怪罪我，畢竟是他先拋下我，我才開始學著一個人生活。如果哪天他質問我爲什麼突然變成這樣，我可能會忍不住發火。因爲我不是「突然」變成這樣，他不知道在這之前，我度過了多麼難熬的一段時間。

我眞的很難過，因爲我原以爲很特別的我們，其實跟別人沒什麼兩樣。我的腦海裡突然閃過一個想法，我們終究會和其他戀人一樣，相愛，接著分開。他剛開始表現出來的樣子和其他人是那麼不同，我才毫無保留地把整顆心交了出去，但現在我要收一些回來了。

如果這也叫愛情，
那就這麼稱呼它吧！

我決定平心接受有時候得獨自完成某些事，
那些過去總是兩個人一起做的事。

只要學著適應，
就會漸漸習慣。

「習慣」這個詞，
今天聽起來似乎格外令人惆悵。

我心中有如此多的你

你住在我的心裡。

總是把我愛你掛在嘴邊，
不吝表達愛意的你。

為我的現在帶來滿滿幸福，
讓我忘掉過去的你。

就算面對面望著彼此，
還要說很想我的你。

將溫熱的手放在我凍僵的手上，
分享著溫暖體溫的你。

看著我又紅又腫的青春痘，
說這叫做美人痘的你。

在我嘛著嘴鬧脾氣的時候，
像哄孩子般哄著我的你。

只要看著我，
表情就彷彿擁有了全世界的你。

用歪歪斜斜的字體寫滿兩張信紙，
臉上帶著明亮笑容，將信遞給我的你。

為了想跟我分享所有好的、開心的、
幸福的事物，
總不忘留意最近發生了什麼新鮮事的你。

將我喜歡的、討厭的，
全都記在內心深處的你。

我心中有如此多的你。
現在就連記憶都有些模糊的你。

凌晨簡訊

我在凌晨傳的訊息
不是夜半感性發酵的產物。
是我為是否能聯絡你，
煩惱至拂曉的痕跡。

凌晨時分，不曉得你是否被本該安靜無聲，卻突然響起的手機嚇著了，也擔心我是不是打斷了你的睡眠。當你看到這個熟悉的號碼，是否有些慌張？看起來沒有一絲留戀的我卻在分手後主動聯絡你，你一定感到很意外吧？但我希望你別誤會，我聯絡你不是因爲凌晨容易變得感性，不是因爲現在是凌晨才想起你，而是想著你想到了凌晨。

我傳這封訊息是因爲還有話沒對你說。分手時我丟下一句「全都是你的錯」，接著轉身就走。當時的我正在氣頭上，想到什麼就說什麼，一想到當時自己說了多少難聽的話，我就覺得過意不去。

我擔心你是因爲覺得自己不夠好，才不願意開始一段新的感情，所以才想好好跟你道歉，希望你別否定自己。假如這樣的想法僅僅是我的一廂情願，我再次向你道歉。

過去我一直認爲是你不夠好，才會總讓我傷心。當時的我不知道那其實不是你的錯，我們會失望、難過都只是因爲彼此的想法不同。你和我交往的時候，應該也常常覺得很鬱悶吧？即使如此，你也幾乎沒有表現出來過，一直在容忍我。我現在才知道你不是對我沒有任何怨言，只是選擇不說而已。把所有不滿都說出口的我都如此痛苦了，我實在無法想像沒說出口的你該有多麼難受。

是我對不起你。
所以真心希望你一切都好。
每次聽到你過得不好的消息，
我的心就跟著隱隱作痛。

我為要不要傳訊息給你苦惱了許久，
我怕這封訊息會讓你變得更加心煩，
想著想著，
就到了凌晨時分。
我並不是有意打擾你的睡眠，
如果不小心吵醒了你，
請原諒我。

希望你能過得好。
好到我不用為是否該聯絡你而煩惱。
這是我真真切切，
真心的盼望。

不公平的分手

不是我失去他，
是他失去我。
失去了這麼美好的我，
吃虧的自然是他。

我之所以會爲分手感到痛苦，是因爲我還沒準備好送走原本擁有的一切。我還沒準備好跟每個週末打扮得漂漂亮亮去約會的我、有想吃的東西時能第一個聯絡的人、睡前總會響起的訊息聲道別。我明明只是想和那個讓我傷心的人分開，但送走他之後，那些我不想失去的東西也跟著消失了。對我來說，分手不單單只是和那個人分開，我還必須和那些美好的小習慣告別。

我一直都認爲自己是分手中的弱者，因爲要忘掉一個人不是件容易的事，如果想要改變習慣，一整天下來更是會碰上無數難關。正因爲如此，我一直覺得分手對我來說更不利，更不公平。畢竟我會比對方更痛苦，失去的也更多。我和開始覺得談戀愛很麻煩的他不同，卽便是分手的那一刻，我都還在期望對方能做出一點改變。

當我瞭解到再也沒辦法和那個人復合時，我覺得是我失去了他，那瞬間，我突然有種被奪走了某些東西的感覺。沒有半點聲響的手機、多出來的時間、衣櫥裡的裙子、不停落下的眼淚和消失無蹤的食欲。那些將我的心塡得滿滿的事物一夕之間全都消失了，我的心感到無比空虛，只要一想到我失去了什麼，我就痛苦不堪。人心就是這樣，倘若從未擁有過，可能失去了也無所謂，但擁有過後的失去會讓心被無盡的黑暗籠罩。

分手之後，我有幾天很平靜，有幾天難過到不能自已，有幾天整個人變得麻木，有幾天心裡像是住了隻刺猬一樣。有時候會埋怨一切，有時候飯才剛要送入口中，止不住的淚水就奪眶而出。曾經，能動搖我的不是榮華富貴，也不是響亮的名聲，而是你的一句話。一想到這樣的你卻將我逼到了懸崖邊，我就怎麼也無法入睡。我的心就像一天起伏無數次的波浪，忽高忽低，不停地捲起大浪。我在無邊無際黑暗中不停地游著，一直到學會換種方式思考，才得以浮出水面呼吸。

不是我失去你，
是你失去了我。

不過是調換了主語和賓語的位置，意思就完全不同了。我要承受的是和他的過去，而他要承受沒有我的未來。如果當初他能信守諾言，我也會用盡全力讓他幸福，是他錯過了我，錯過了擁抱幸福的機會。

一整天不間斷的訊息、每個週末的約會、走訪美食名店，時間一久也會變得枯燥無味。更何況只要我願意走入另一段感情中，就會有另一個人替我將這些日常重新找回來。不過他要找到像我這麼善解人意，這麼關心他、照顧他、信賴他又愛他的人就沒這麼容易了。我失去的是隨時能夠替代的東西，而他失去的則是無法完全替代的我。

我失去的是習慣，
他失去的是我這個人。

離別中的敗者

如果分手裡存在著勝者與敗者，
獲勝的會是那個較快忘記一切的人。
獲勝的會是
連有誰曾進入自己的人生都不記得，
將一切忘得一乾二淨的人。

分手就像一場捉迷藏，一個人將自己藏得好好的，另一個人不停找著對方。躲起來的人早就對這段感情沒有任何留戀，找的人則正好相反。在眞正放下之前，他會四處張望，不停地找下去。

在斑馬線前等著綠燈亮起時，會想著那個人是否就站在對街。搭地鐵的時候，如果正好在那個人常搭的路線上，就會想他是不是也在這班地鐵上。到曾經一起去過的餐廳吃飯時，又會想那個人會不會也正好來這裡吃飯，所有日常都成了捉迷藏。

在這場每天都會上演的捉迷藏中，我的心臟也好幾度漏跳了幾拍。每當和他相似的背影映入眼簾，我的心臟就會非常難受，怦怦、怦怦快速地跳著。

「要不要追上去看看是不是他？」

「不行！如果真的是他該怎麼辦？」

「但如果錯過這次，可能就再也沒機會見到他了……」

每次碰到這種情況，我的腦袋就會自動拍起一部有著悲傷配樂的電視劇。能夠確定的是在這場捉迷藏中，負責找人的那一方會更累。躲的人只要好好躲起來就沒事了，找的人那一方還要承受過程中各種錯綜複雜的情緒。有時候怨對方躲得太好，有時候擔心他有沒有受傷，既想早點找到他，又希望最好永遠都找不到。有些時候，我也很心疼茫然地尋找對方身影的自己。

是否真正放下那個人並非靠時間來判斷。當找人的那方宣布放棄，心中已經沒有任何留戀，決定結束這場捉迷藏的瞬間，才算是真的把這段感情放下。到這時我才明白，其實打從一開始就沒人在躲，在這場空虛又漫長的捉迷藏中，無論是躲起來的那個，還是尋尋覓覓的那個都是我。

✿

這場捉迷藏的勝者，
不是讓對方找不到自己，逃得遠遠的人，
也不是最快找到對方的那個人。

獲勝的是最快忘記一切的人。
忘記有人在找自己，忘記有人躲了起來，
忘得一乾二淨的那個人，才是這場離別中勝利的那一方。

而我，是離別中的敗者。

一封沒寄給你的信

我曾經以為沒有你會活不下去，
但看來不是這麼一回事。
對我來說曾是全世界的你離開後，
我居然還能活得好好的，
這事實讓人哭笑不得，又如此空虛。

大概是因爲已經分手一段時間了，我終於能回歸日常。原本以爲失去你我會痛苦到什麼事都做不了，但我終究還是緊咬著牙關，一天一天撐過來了。雖然不太喜歡時間就是解藥的說法，但我也只能盡量讓自己忙起來，相信時間能解決一切。剛開始因爲連什麼是現實，什麼是夢境都分不太清楚，所以不停否認我們早就分手的事實，但現在的我已經能接受我們其實早成了陌生人。剛分手沒多久時，我總覺得我們還會復合。那天只是因爲長期累積下來的不滿一次爆發，才會一氣之下決定分手，等我們瞭解到自己多需要對方，就會重新在一起。我努力將自己的生活過好，等著我們復合的那天到來。

分手後過了三個月，接著半年、一年，我終於認清我們不可能復合了。無論是你還是我，如果有復合的想法，早就聯絡對方了。我想你大概也是有什麼理由，才會過了一年都沒聯絡吧！我又何嘗不是呢？老實說我也被日復一日的爭吵，又哭又鬧的不堪弄得心好累啊！認清你可能也是因爲同樣的理由才沒聯絡我之後，我們之間才眞正畫下句點。

有時會從認識的人那聽到你的消息。你似乎沒說我們已經分手了，他們都以爲我們還在交往，聊天時沒半點尷尬。但畢竟是你的朋友，我想還是要讓你自己告訴他們才對，所以我也說不出我們早就分手的話，只能含糊其辭地帶過。我忍不住想傳訊息給你，問你爲什麼都分手一年了，還沒告訴他們這件事。我打了一封滿滿都是字的簡訊，輸入了你的號碼，接著開始猶豫該不該按下傳送鍵。最後我還是沒將訊息傳出去，因爲這明顯只是個聯絡的藉口。你沒告訴身邊的人可能只是單純懶得解釋，或是不想要身邊的人同情自己，明知道這點還堅持傳訊息給你，擺明了是我心裡還有留戀。我不想在曾經愛過的人心裡變成一個糾纏不休的人，到最後還是沒按下傳送鍵。

我曾經以爲沒有你會活不下去，但看來不是這麼一回事。原來就算你離開了，我還是能活得好好的，這事實眞讓我哭笑不得。你曾是我的一切啊！失去了一切居然還能活著，這不是很不合理嗎？難道我打從一開始就不曾全心全意地去愛嗎？難道那些感情都是假的嗎？如果分手後，我也能活得好好的，爲什麼當初要那麼拚命維持這段關係呢？愛情原本就是如此微不足道的存在嗎？

我原本以爲沒了愛情，一切就沒有意義，但其實這世上除了愛情，還有許多有意義的事物。看清這點後，我才明白只要發現彼此不適合，就沒必要繼續拖下去。

我能夠如此平靜地寫這封信，是因爲你對我的影響越來越小了。過去只要看到和你很像的名字，我的心就會沉一下，還擔心如果一輩子都這樣該怎麼辦，但現在看來是我多慮了。

我很好奇你過得如何，最近在做些什麼，一切都還順利嗎？你是否偶爾會想起我，是否開始了一段新戀情。我從未想過有天站在你身旁的人不是我，但現在卻成爲了現實。

你喜歡的音樂偶然在我耳邊響起，
我又不小心想起早已遺忘的你，寫下充滿眷戀的文字。

雖然這封隨手寫在本子上的信不會送到你手上，
我還是抱著姑且一試的心態，捎出一顆小星星。

如果你今晚看見有星星落下，
那大概就是我為你送出的星星。

只要你看見那顆星星後能稍稍想起我，
那就足夠了。

謝謝你。

若不曾經歷離別

我好懷念過去勇敢去愛的自己。
嘗過分手的苦澀，
就變得無法不顧一切地愛人了。
害怕分手，所以跟著害怕起愛情。

在某段戀愛中，我是對方第一個喜歡的人，也是第一個女朋友。但他並不是我的初戀，我曾經暗戀過人，談過戀愛，也經歷過分手，對愛情已經不再有不切實際的幻想。我曾經也以爲愛能永遠不變，只要用心經營就不會分手，但殘酷的是現實並非如此。永遠並不存在，在愛情裡也不例外。

我曾親眼看著熱情如火的愛意瞬間冷卻。愛情不是你用心付出就不會分手，假如只有一方在努力，再怎麼撐都無法長久。

因爲過往的經驗實在太痛了，我學會在後來的感情中調整自己的心態，盡可能不讓自己又在愛情裡受傷。雖然用了學這個字，但我並沒有刻意去學怎麼做，更正確來說，這是一種出自於本能的防護機制，因爲我再也不想爲愛情心痛了。

我發現越是讓自己的心保持距離，那場戀愛就會越穩定。不顧一切、全心全意付出的愛實在太累人了，只用腦袋談戀愛就不會動搖，也不會有爭吵。

過去我一直認爲愛是由心掌管的，所以在感情中，要跟著自己的心走，不能用腦袋去判斷對錯，好或不好。我這樣的想法是不是錯了呢？我在感情路上會經歷這麼多波折，大概就是因爲過去光靠感性在談戀愛吧？壓下起伏的心情，理性行事，戀愛成了一汪平靜的湖泊，水溫不冷也不熱。其實這樣的戀愛也不賴，再也不用生氣，也不會流淚。

但那個說我是他初戀的人，把整顆心都放在我身上了，那模樣像極了過去的我，那個還不知道愛情凋謝後會是怎樣一片光景的我。他沒有一絲退縮，整個人投入了這段感情裡，他看起來是那麼有朝氣，活潑又開朗，沒有任何算計，全心全意地對待我。他所做的一切也全是爲了我，我眞羨慕他能毫無保留地付出眞心，羨慕這個和我正好相反，把所有付出當作是理所當然的人。

✿

如果不曉得太陽下山後的黑夜有多孤獨，
我對待愛情的態度會不會不同呢？

但我已經嘗過分離的滋味，
不敢再把整顆心都交出去了。

如果我不曾經歷離別，
這場戀愛會不會稍微有些不同呢？

不對就是不對

假如一直把已經離開的人放在心中，
新的緣分來臨時就沒有容納他的地方了。
痛了這麼久也夠了，
現在準備迎接新的幸福吧！

我曾經因爲感情放得太重，分手後完全失去了生活重心。我原本是個不容易相信人，更不相信人心的人，但那個人改變了我，讓我想試著相信過去不信的事物。即使沒人要我非得這麼做不可，我還是總想把整顆心都給他。和這樣一個人分手，對我來說是很大的打擊，明明不是第一次分手，我卻像第一次分手一樣茫然失措。提出分手的是我，無法接受這個事實的人也是我。我甚至沒跟身邊任何一個人說我和他分手了，因爲我心裡隱隱約約覺得我們未來還是會復合。我怕周圍的人會因爲我們分分合合，就看輕我們之間的感情，所以就算早就和他分開，我也裝作還沒分手。

不過這樣的獨角戲並沒有持續太久，雖然嘴上沒說，但我失魂落魄的樣子還是露了餡。周圍的人開始關心我，問我是否一切都好。分手後足足過了一年，我才接受已經與那個人分開的事實。在那段日子裡，有時心中充滿憎恨，有時覺得感激，有時難過，有時又無法克制地發火。有時每隔一小時，情緒就會變化一次。我的情緒就像漲潮和退潮，一下子湧上心頭，一下子一口氣全帶走，只留下寂寞陪我。這就是人們口中的離別吧？

我突然覺得自己應該要去認識新的人。遇見新的人，開始一段新的戀情，才能眞正從過去的傷痛中解脫。所以我參加了各種過去從不出席的聚會，第一次要身邊的人幫我介紹對象，我已經不是過去那個我了。

開始認識新的人之後，要記的東西和要注意的事都變多了，我所有注意力都集中在這些事情上。不過這也是暫時的，轉移注意力的效果只在聚會上有效。當我結束一天的行程回到家，打開那扇後頭沒有半點燈火的大門後，一切又回到了原點。一絲光線從門縫溜進一片漆黑的屋內，和那個人的回憶也跟著溜回我的腦海裡。我迅速開了燈，想消除這些不請自來的回憶，接著嘆了口氣。

原來我還沒放下。

既然我還沒完全忘了他，認識再多新的人也沒有意義。因爲人的心裡本來就只裝得下一個人，這個人還沒離開，要怎麼讓新的人進來呢？分手後一年半，足足一萬兩千七百小時，四季輪完，又過了兩個季節後，我才懂這個道理。

所以我決定先送走占據我心中那個一人座的人。我把之前不忍刪除的手機號碼、照片、簡訊、信件和禮物全丟了，雖然丟掉這些東西不代表記憶就會跟著消失，但想忘掉那個人就要避開一切跟他有關的事物。

我不再強迫自己去認識新的人，也不再用過多的工作量折磨自己，我開始修復因爲分手瘋掉的自己，並努力找回往常的我。之前的我看似回到了日常生活，但那個人依舊還在我心中，現在我要找回的自己，是那個心中沒有他的我。

我的心輕鬆了許多，現在已經不再感到沉重了。我原以爲時間能夠沖淡分手的傷痛，因爲每個人都說時間能夠解決一切。當時的我，即使過了一年多失魂落魄的日子，還是對時間就是解藥這句話深信不疑。總覺得是自己撐得還不夠久，畢竟我眞的深深愛過他。我以爲愛得多深，就需要多少時間來遺忘，但事實並非如此，放任那個人在心中逗留，卻期待時間解決一切，根本就是在虛度時光。

當時的我根本沒有眞正放下這段感情。

眞正放下那個人之後，我終於能抬起頭，好好看看周圍。當我願意去看身邊的人事物，新的幸福就找上門來了。我找到能讓自己感到幸福的事，找到能讓我心動的人，能讓我充滿喜悅的嶄新未來也迎面而來。

我也終於能夠活在當下。
我已經從放不下他的「過去的我」，
變成會帶著對明日的期待入睡的「現在的我」。

直到完全將那個人從心中驅離，
我才能在心裡放進新的東西。

那些被他人的目光影響的日子

第三句咒語

只聽自己內心的聲音

一切都會過去

試著在腦袋裡放個小箱子，
將一切煩惱全放進裡頭封起來，
就會稍微好過一些了。

你是否會有那麼幾天，覺得腦袋裡全是煩惱，做什麼都力不從心，就算知道要做的事情很多，卻因爲擔心這擔心那，沒心思做任何事。看著時間一分一秒過去，手邊的工作卻沒完成半件，心裡變得更是著急。

當我發現自己陷入這種狀態時，就會開始想像自己的腦袋裡有個小箱子，接著打開箱子，把所有煩惱全放進去封起來，最後將箱子推到腦海中的一個小角落。剛想像出來的小箱子沒那麼牢固，所以裡頭的煩惱總會試圖破箱而出，但再過一會，你就會發現混亂的腦袋逐漸恢復平靜了。

第一次因爲還不熟練，光是想像出箱子就很吃力，但只要輕輕閉上眼，多練習幾次就會找到訣竅，未來又因同樣的問題所困擾時，你會發現自己已經能輕輕鬆鬆變出收起煩惱的小箱子了。

你可能會想，那爲什麼不乾脆放個大箱子呢？理由很簡單，因爲看似微不足道的煩惱一直放著不管，就會像吸了水的棉花一樣越變越重，把人壓得喘不過氣來。每天要做的事情那麼多，身體卻只有一個，一天也只有二十四小時，如果被各種不必要的煩惱給壓倒了，不就白白浪費掉一天了嗎？如果腦袋裡放的是小箱子，爲了配合箱子的大小，我們就會下意識地克制自己別過度擔心某件事，也能把根本不需要苦惱的小事放到一旁。不過將煩惱放進箱子並不是完全將它消滅，而是爲了不在一次面對太多煩惱時慌了手腳。先將它收起來，待心靜下來再逐個慢慢解決。

你看見夜空中閃閃發光的星星了嗎？
彷彿下一秒就會掉落眼前的星星，
其實離我們好遠好遠呢！

你腦袋裡的那些煩惱也像星星一樣，
彷彿下一秒就會將你吞噬，
但其實無法傷害你半分。

就如同太陽升起就看不見星星一樣，
所有擔憂都會隨著時間消失得一乾二淨，
到時候連當初在煩惱些什麼都記不清了。

凡事無須太過擔心，
一切都會過去的。

克服局限

人生難免會遇到難關，為各種困難所困，
但終究會找到出口。
就算過程中會因無力感癱坐在地，
想放棄一切，
但我相信你還是會拍掉身上的塵土，
再次跨出腳步。

我有時會覺得自己腳前被畫了一條好粗好粗的線，彷彿在警告我「你就只能到這，別再過來了！」，人們稱那條線爲「局限」。周圍的人總愛把要克服局限這句話掛在嘴邊，他們說能不能跨越那條線與能力無關，只要下定決心，每個人都能做到，抱有自己做不到的心態是不對的行爲。聽了這些話之後，我因爲不想成爲人們口中心態不正確，沒有決心的小孩，從小就把自己逼得很緊。過了很久之後我才知道，雖然努力能成就許多事，但也有光靠努力也行不通的時候，只是當初大人們沒有告訴我而已。

局限的確存在，它可能是因爲努力還不夠，也可能是因爲天生沒有那方面的資質，但這絕不能和失敗畫上等號。局限更像是一塊指示牌，告訴人們眞正屬於我們的路不是這條，換個方向試試。無法達到自己想要的目標當然會感到沮喪，但也別因此就失去希望。站在局限這道高牆前，難免會有「啊！我完蛋了！」的想法，但人生不是只有一條路，現在沒路不代表人生就毀了。人生本身就像一座迷宮，我們出生那刻就被放在迷宮的入口，不停地尋找能持續前進的路，走進死巷不是結束，只是出口還沒到而已。站在迷宮裡的一個個路口前做出選擇後，卽使一開始選的路不通，往另外一個方向去也自然有路，走錯方向不是什麼天會塌下來的失誤，這只不過是走迷宮的必經過程。也不用擔心選錯一次路就沒有回頭的機會，要記得你一直都在人生這個迷宮裡，並沒有偏離方向。未來你也會遇到無數個分岔路，在迷宮裡徘徊時也必然會感到茫然、無助，但請你別忘了，既然是迷宮，就一定會有出口。

✿

畫水彩畫時會用鉛筆先打草稿，
但人生沒有打草稿的機會，
每一次的選擇都不僅僅是練習，
都會左右你未來前進的方向，
這也是為什麼我們總害怕做選擇，
怕一出錯就會毀了人生這幅畫。

不過畫錯了真的沒什麼，
再拿一張畫紙不就能重新作畫了嗎？
雖然人生只有一次，
但能夠繪出人生色彩的畫紙不只一張呀！
所以不要害怕，勇敢拿起畫筆沾取調色盤上的顏料吧！
盡情揮灑自己的色彩，畫出專屬於你的畫作。

有美麗風景的位置

當我垂頭喪氣，
難過到沒有力氣能站起身來，
請不要告訴我會沒事的，
因為我知道根本不可能沒事，
這句話就像在我本就沉重的心上，
又放上一顆石頭。

當我傷心到淚流不止，
請不要告訴我你懂我的痛，
因為即使處在同樣的狀況下，
也沒有人能夠真正體會另一個人的感受。
那種話彷彿要像口口聲聲說懂這種痛的你
一樣冷靜才是對的。

無須用言語安慰我，
只要讓我覺得自己不是孤立無援的就好了。

當我感到痛苦時，請靜靜坐在我身旁，
陪我呼吸一樣的空氣就好了。

當我無力跌坐在地，
別硬是把我扶起來，要我站好，
幫我找個能好好坐著的位置，
對我來說是更大的安慰。

如果可以的話，
我希望是個有美麗風景的位置。

不想自己一個人

天空彷彿破了個洞，下起了傾盆大雨，
但我知道雨終究會停。
無止盡朝我襲來的不幸，
應該也會有停歇的一天吧！

有人問我過得好不好時，我總想回答一點都不好，畢竟獨自淋的這場雨那麼傷人、那麼孤單、那麼悲傷，讓人不禁想埋怨這世上的一切。明知道我一把傘也沒有，爲什麼雨水還如此無情地落在我身上呢？就算沒有這場雨，我的人生也夠苦了，爲什麼還要將我推入更深的困境？這殘忍的世界令我費解，也令人憎恨。

不過淋了場冷冷的雨就染上重感冒了，我病得連站都站不穩，畢竟我是如此脆弱啊！每個人都會得的那平凡感冒讓我發了高燒，全身不由自主地顫抖。我眞爲自己抱屈，不是說神給的考驗必定都在能承受的範圍嗎？神是不是太看得起我了，這苦痛不是我這麼軟弱的人能承受的啊！打個噴嚏心臟就像要掉出來一樣，鼻水也總讓我呼吸困難。

我好脆弱、好脆弱、好脆弱啊！

所以求老天別再下雨了，我沒有能擋雨的雨傘，也不夠強壯，一淋雨就會生病。我好委屈啊！委屈到眼淚都流下來了。都說就算遇到難關，也總會有個能依靠的地方，怎麼就我沒有呢？

有些人是礙於旁人眼光不敢哭，但我周圍連旁人都沒有，大概哭得再慘也不會有人在乎吧？沒人會好奇我臉上的是雨水還是淚水，只會覺得我是個不懂躲雨的傻瓜吧？眼前一片模糊，就像水滴到顏料還沒乾的畫上，顏料暈開後的樣子，淚水也在我的世界蔓延開來。溫熱的淚水在眼角碰到冰冷的雨水，成爲不熱不冷的水流滑下臉頰，那是我的悲鳴，是述說著難受的淚水。

我想不透是因爲我哭了才下起雨，還是因爲下起了雨我才會流淚，但希望大哭一場後就能雨過天晴，因爲雨水只會一再提醒我手上沒有雨傘的事實。只要不下雨，就算沒有雨傘我也能活得好好的，但一下起雨來，我就忍不住想要那把人人手中都有的傘。只要一想到無論怎麼做都改變不了沒有傘的事實，我就不禁感到難受，所以拜託，別再下雨了。

我知道這場雨總會停，只要雨停了，即使得了再重的感冒也能康復。就如同沒有永恆的幸福一樣，不幸也不會賴一輩子不離開。只希望雨停了，感冒好了之後，迎接我的會是更美好的世界，一個不用再獨自淋雨的世界。就算我的世界風雨交加，颱風襲來，我也能撐住，因爲我還抱著一絲希望。想著老天總不會只給我苦頭吃吧？總不可能沒過上半天好日子就離開人世吧？我是靠著這微小的盼望苦撐過來的，要是連這點希望都拋下，我就找不到活下去的理由了。

啊！那我還是換個願望好了！
我不求永遠不再下雨，
只求從此不用再獨自淋雨。

我討厭的從來不是雨，
而是獨自淋雨的寂寞。

希望痛苦的日子能像雨一般停下，
我傷痕累累的心能像感冒一樣快快好起來。

再也不想孤單一人了。

喜歡你的理由

從越來越喜歡你的那刻開始，
我就忍不住感到憂心。
因為你眼裡的我，
似乎只有開朗、樂觀、堅強這一面。

但那只是一部分的我而已。
那是我為了不讓人看見陰暗的一面，
努力做出來的面具。
我其實是個陰暗、悲觀，又受過很多傷的人。
我的家庭一點也不和睦，還十分窮困。
因為過去被人傷過太多次，
其實心中長滿了刺。
只要覺得有人想傷害我，為了避免再次受傷，
我會完美地武裝起自己。
在我成長的過程中，

從來沒有人在我受傷時挺身保護過我。
從那時候開始，我瞭解到如果不保護自己，
也沒有人會保護我，
所以我決定要讓自己變得更強大。
因為總是繃緊神經生活，
我不知不覺成了一個既敏感又悲觀的人。

我覺得這些話一定要告訴你才行。
在你變得更喜歡我之前，
在我變得更喜歡你之前。
老實說出我這些你從未見過的面貌後，
你是這樣回應我的。

「其實我多少猜到了，
不過沒關係，因為我也一樣。
我的家庭也不和睦，同樣沒什麼錢。
我有段時間整個人陷在憂鬱的情緒中。
我也為了保護自己，很努力地過生活。
接著我遇見了你。
我也一直在思考要什麼時候跟你坦白，
謝謝你先鼓起勇氣。
你不會討厭這樣的我吧？」

聽到這些話，我的淚水瞬間潰堤。
這是安心的眼淚。
為了你不會因此討厭我而開心。
其實在說出這些話之前，我很害怕。

我怕你會對我失望，會討厭我，會離我而去。
但你並沒有這麼做。
反倒給了我一個溫暖的擁抱。
拍拍我，告訴我這些根本不算什麼。

你問了我會不會討厭這樣的你對吧？
不會，絕對不會！反而變得更喜歡你了。
同樣受過傷才能理解對方的感受。
我們都同樣痛過，
就更能包容彼此的陰影。

為什麼會因為一點小傷口嚎啕大哭，
為什麼只是稍微碰到身體，
就嚇得往後退好幾步，
為什麼總為還沒發生的事情感到不安和恐懼。

沒經歷過傷痛的人自然無法理解，
但我們不一樣。
就算無法完全理解，
至少也絕對不會誤會對方。
就算不一字一句說明，
也能夠猜到對方的感受。

因為你有過傷痛，所以我喜歡你。
因為你的心滿是傷痕，所以我喜歡你。
因為我們的傷是那麼像，所以我喜歡你。

心也需要充電

人的心就跟手機電池一樣，
都需要充電。
因為怕手機沒電，
我們總會隨身帶著行動電源，
那怎麼不也幫心事先充電呢？

我一直看著前方奔跑，因爲不知道要怎麼偷懶，所以總是拚了命地向前跑。好不容易來到這裡，但我卻累得彷彿下一秒就要昏倒了。累得受不了的時候，應該放任自己倒下的，但這不像說的那麼簡單。如果現在倒下，目前爲止所做的所有努力就全都白費了。所以即使我的電池就快沒電了，我還是沒停下腳步，不停地向前跑。

但某天，我的腳踝被綁住了，我因爲他人的緣故被迫停下了腳步。不過這不是光靠我的力量就能解決的情況，時間一直在流逝，我也只能過好自己的日常生活。我幾乎整個月都在睡眠狀態，睡覺的時間比醒著的時間還要來得長。

一個月後，神奇的事情發生了。我開始想嘗試新的事物，過去總嫌無聊，什麼都不想做的我，已經沒辦法安安分分地待在床舖上了。我得到了重新站起來的力量，整個人充滿活力，我的身體從來沒這麼輕盈過。我東看看，西看看，重新尋找我能做的事。過去的我已經不在了，現在的我是全新的我。看著原本總是面無表情的我，現在活力十足地工作著，我突然想通了。

原來我只是需要充電而已。

之前我會那麼無精打采不是工作不有趣，只是因爲沒有好好充電，不停地消耗著能量。工作需要能量，同時也會消耗掉許多能量，就是這矛盾的狀況讓我疲憊不堪。

想開車就要加油，
想用手機就要充電，
想開熱水鍋爐就要加水，
想用自動鉛筆就要放筆芯。

人的心也是一樣。
光是使用是不行的，
用了多少就要補多少，
如果沒有時不時幫它充電，
總有一天會消耗殆盡。

平凡的人

我們每個人都多少有些不足之處。
畢竟沒有人能十全十美。
所以需要幫助可以直接說出來，
不用逼著自己什麼都要會。

我想成爲完美的人。因爲只要拜託人，之後就一定得還，我不喜歡這種欠人人情的感覺。既然我也沒能力還人家人情，不如打從一開始就別欠下人情債。不欠人情的其中一個方法就是成爲完美的人，另一個方法是就算結果不盡如人意，也要滿足於現況。假如成爲完美的人，我就不需要拜託別人幫忙，如果我對現況很滿意，也同樣不需要向他人求助。我一直謹記著這兩點。

但人生就是這麼可惡，人不可能變得完美，告訴自己知足就好無數次，卻總是做不到，我爲此對自己生氣的次數也變得越來越多。如果不知足那就變完美啊！如果不完美就要學會知足啊！這也做不到、那也做不到的我就像個貪得無厭的人，我就像在高速公路的交流道前感到徬徨的人。這時，有人對正爲找不到前進方向而苦惱的我說：

「需要幫忙就聯絡我，能幫得上忙的我都會盡量幫。」

我明明沒開口求助，那個人卻主動伸出了援手。雖然很感謝那份善意，但我還是被同樣的問題給困住了，接受他人的幫助眞的沒關係嗎？受到幫助之後，我有那個能力回報對方嗎？

當我還在掙扎是否該接受幫助的時候，那個人一把拉住了我的手，我就這樣被動地接受了幫助。

但我發現其實接受幫助的感覺並不壞，接受了幫助，我就加倍努力完成這件事就行了。而日後，我也有了幫助對方的機會。不一定要有多了不起的能力才有資格幫助別人，所謂幫助也可能是日常生活中的小事。像是爲沒有帶傘的人撐一段路到等公車的地方，對淋著雨的那個人來說就是幫了他很大的忙了。人與人之間本來就會互相幫助，接受幫助並不代表就欠了誰什麼，這就像春、夏、秋、冬四個季節的更迭，繞了一圈還是會回到春天一樣，給出的幫助最終還是會回到自己身上。所謂完美的人不是不需要任何幫助的人，而是懂得在遇到難關時求助的人。

我們每個人的不足之處都不同。
所以某方面比較厲害的人，
就去幫助那方面相對不足的人。

需要幫助的時候就欣然接受他人的幫忙，
未來一定會有你能回報的機會。
只要別忘記自己曾接受過什麼樣的幫助就好了。

如果需要幫助就向他人求助。
明明很努力了，卻總是行不通，
就詢問別人是否願意幫助自己，
不用非得要什麼都會，

因為我們都只是平凡人而已。

希望你的心下起雨時會想起我

在那個下著傾盆大雨的日子，
有人為我撐起了傘。
從那天起，
我決定要成為人們心中的一把傘。

就這麼巧，那天我沒看天氣預報就出門了。一小時後就要回家了，外頭卻突然下起雨來，天空絲毫不打算掩飾它憂鬱的情緒，看這樣子一時半刻是不會停了。這附近沒半個熟人，不管請誰來接，距離都太遠了，我只能呆呆地望著窗外。

該辦的事情都辦完了，但我實在邁不出腳步回家。將手伸到外頭，豆大的雨滴落在我的掌心，落下的力道大得像要穿透我的手掌。淋著這麼大的雨走到地鐵站勢必會全身濕透，接著還要忍受身上潮濕的悶臭味和濕漉漉的衣服兩個多小時，才有辦法到家。偏偏附近也沒有半間便利商店能買雨傘，我只能束手無策地站在原地發慌，這時有位女性走近，對我說：

「你沒有帶傘嗎？如果是要搭地鐵，要不要跟我一起走呢？」

面對這突如其來的善意，我愣愣地向她道謝。如果是平常，我可能會立刻婉拒對方，但現在的我沒有選擇的餘地，便毫不猶豫地接受這份好意。和陌生人一起走多少有些尷尬，只好隨便找些無關緊要的話題來聊，像是搭幾號線，又要搭到哪裡……幸好在我已經想不到任何問題時，地鐵站就到了。因爲搭的方向不同，我們在驗票閘門前分開，在這短短的時間內，我大概跟她道了五次謝，頭也點了至少十次。

在地鐵的椅子上坐下後，我終於鬆了一口氣。要是剛剛沒遇見那個人，我現在該有多狼狽啊！都是托她的福，我才能躲過這場大雨，一想到這我的心情就不由自主地好了起來。在困難的處境下得到當下最需要的幫助後，我深刻地體會到人與人之間互利共生的關係。

人們其實很容易被小事安慰，原本我以爲想給人安慰，必須有什麼很大的作爲。但就算是微不足道的小事，只要適時地幫到對方，那就是種安慰。

✤

我想成為雨傘般的存在。
我想成為某個人的心下起雨時會想起的人。

雖然我無法讓雨停下來，
但我能為人擋掉不停落下的雨水，
我決定要成為一支雨傘。

我決定成為一支能夠帶給人安慰，
很大、很大的雨傘。

因爲傷心，所以傷心

無論何時，悲傷都一樣痛苦。
不會因為年紀輕就比較難過，
也不會因為年紀大就比較不難過。
悲傷本就是會讓人痛苦的情緒。

悲傷有時會讓人舉步維艱，會讓人感到痛苦。它就像是壓在心上的一顆沉重大石，總讓人無法抬起頭來，它也像陡峭的坡路，讓人無法輕易翻越。幸福則能讓人細細感受美好的事物，能夠聞到香氣是多麼迷人，能夠品嘗到食物的美味，能夠發現風景美麗之處，所有的感受都是彩色的。

而悲傷則沒有色彩。再迷人的香氣、再美味的食物、再美麗的風景在悲傷前都會失去色彩，悲傷就是這麼一回事。悲傷來臨時，我們總會驚慌失措，因爲隨著年紀增長，就越來越無法讓自己一直沉浸在悲傷裡。在我決心要成爲一個成熟的大人後，我最先做的是學會說「沒關係」，因爲我眼裡的大人，就是要在說句沒關係之後，就讓自己恢復正常。大人們在面對世界的時候，總是會把自己的悲傷藏起來。明明不可能一點也不傷心，他們卻總是不動聲色，我看著那些大人，心想：「原來眞正的大人就是這樣啊！」所以就算我再難過，也會裝作什麼事都沒發生，繼續過著日常生活。爲了不讓周圍的人擔心，所以我總是帶著笑容，像個沒事的人一樣，看起來既開朗又堅強。大家都說這樣才是大人。

人們經常誤會只要曾爲某件事情傷心過，再遇到同樣的狀況就不會難過了。可能就是因爲這樣，才會有年紀越大就越不容易傷心的說法吧？但不管經歷幾次，傷心的程度都不會減少，就算遇到同樣的狀況幾百次，心都還是一樣痛。

第一次經歷時還不懂如何掩飾悲傷，才會被人發現我很難過。但第二次、第三次就不同了，我漸漸學會如何藏起自己的悲傷，所以就算同樣傷心，身旁的人也看不出來。成爲大人不代表心臟就會變成鐵做的，只可能變得更脆弱，不會變得更剛強。遇到令人傷心的情況，每個人的感受都一樣，那些看起來相對不傷心的人，不過是把悲傷藏得比較深一些而已。

✿

看著因為害怕會影響明天的狀態，
急忙收拾悲傷情緒的自己，我就感到難過。

看著悲傷被推遲到明天、下個月、明年，
慢慢被時間塵封，甚至消失，我就感到難過。

我為沒有時間傷心而悲傷。
我為無法肆意傷心而悲傷。

關於憎恨一個人

別再恨那個人了。
就算再可恨也別再恨他了。
我們不需要為了那種人，
消耗自己的情感。

不管是有意還是無意，我們都會被人所傷，有時候也會傷到人。被人所傷，自然會留下傷口。我們可以避開朝自己丟來的石頭，但那些刺耳的言語、傷人的舉動都不是我們想避就避得掉的，我們終究無法控制來自他人的傷害。

但我們可以選擇不去憎恨那個讓自己受傷的人。憎恨只會讓傷口越來越大，一直想著那個人對我的傷害，小小的傷口會像雪球一樣越滾越大。原本那個傷口可能只是碰一下就會融化的雪花，卻在我將憎恨層層堆疊上去後，變成一顆大雪球。未來只要我遇到類似的情況，那顆巨大的雪球就會朝我飛來，重重地擊向我的心。

就算某個人再可恨，也絕對不能恨他。憎恨是有害的情緒，會讓個性變得扭曲，毀掉我原本的價值觀，讓我的心變得狹隘，到頭來吃虧的還是我，恨只會讓我因爲那個沒出息的人毀掉自己。我必須停止怨恨，因爲我絕不能因爲那個不值一提的人毀了自己。

停止怨恨不代表要原諒那個人，只是不再恨他而已。如果總想著那個人和他帶來的傷害，只會留下更多傷口。一旦心裡留了疤，日後只要遇到和這次受的傷類似的情況，心中就會掀起驚濤駭浪，心臟每跳一下，就痛一下。爲了避免承受這樣的疼痛，只能活在因爲那個人圍起的高牆裡。因爲這個差勁的人，我的路沒有在分手後變得更寬廣，反而變得更狹窄。我沒有變得更自由，反而被牢牢套住，更因爲害怕受傷害，把自己蜷縮起來，試圖想成爲微塵般的存在。

✿ 我是個很珍貴的人。
正因為我是如此珍貴，才不能憎恨那個人。
充滿怨恨的心只會毀了我自己。

我是朵努力綻放的花朵。
是朵只能被好水灌溉，接觸好空氣，
被好陽光照耀的珍貴花朵。

所以我要為自己活才行。
我要學著更珍惜自己一些。
因為我值得。

今天要比昨天更好

只要今天比昨天高了一點點，
就代表我做得很好。
這些一點點慢慢累積起來，
就能讓我成為一棵大樹。

因爲對我現在做得好不好沒有一個準確的標準，所以不知道到底該滿足於現狀，還是要繼續鞭策自己。「做得很好」和「現在做得很好」完全是兩件事。「做得很好」代表已經達成目標，能將成果呈現給他人看，也能被人認可的狀態。但「現在做得很好」代表還在爲達成目標做準備，還沒有能夠展現的成果，也不確定自己是否能夠被認可。因此如果身處「現在做得很好」的狀態，就算表現得很好，心裡還是難免會感到不安。

這就像是一顆還未孵化的蛋，

因爲被蛋殼包了起來，無法確認裡面的狀態，所以不確定能不能順利孵化，也不知道孵化後，破殼而出的會是什麼。正因爲對這顆蛋一無所知，所以無法爲它的存在感到開心，也不敢停下腳步好好休息。人只要處在不安的狀況下，心就顫抖得像是顫楊的葉片，無法停在原地，一下走到這邊，一下走到那邊。現在覺得這樣做是對的，隔天又覺得不對，有時覺得自己做得很好，有時又覺得自己是全世界最差勁的人。假如正面和負面的想法中，只出現了一種還無所謂，但總是一下樂觀一下悲觀，把我的心弄得一團亂。

所以「現在做得很好的人」更容易有失眠、沒有食欲、心悸、憂鬱和無力等症狀，因爲明明就很努力了，卻看不到任何成果。

做得不夠好的人根本不會感到不安，因爲他們不曾全心投入，自然也不會害怕失敗。我們之所以會害怕失敗，是因爲曾經花了許多時間和心力在這件事情上，清楚知道假如結果不如預期，我們會有多難過。不想失敗和害怕失敗是兩回事，大部分的人都不想失敗，但只有現在做得很好的人才會害怕失敗。其中的差異只有害怕失敗的人才能區分。假如我會害怕失敗，大概就能間接證明我現在做得很好。

如果一定要設下標準來判斷自己做得好不好，才不會那麼不安的話，用昨天當標準是個不錯的選擇。昨天寫錯的題目，今天重新解題時答對了嗎？昨天沒壓下怒火，今天又遇到一樣的狀況時，沉著地解決了嗎？昨天有些偷懶，今天是否度過了充實的一天？就算是比這些更小的事情也沒關係，如果今天比昨天表現得更好，就代表我現在做得很好。

媽媽肚子裡不到一公分的受精卵，一點一點地長大，一直長到現在這麼高，想想還眞是件了不起的事。在漫長的歲月裡，一公分、一公分地成長。不！其實是以連一公分都不到的單位在成長，一直長到現在的高度。大部分的人在二十歲左右就會停止長高，但人生和身高不一樣。假設我們能夠活到一百歲，現在的我不過是剛開始學走路的嬰兒而已。雖然現在看不出這一公分的變化，但未來回頭看，會發現就是這無數的一公分讓我成長，來到現在的高度。

不知道自己做得好不好本來就很正常。
因為成長還沒結束，現在只是成長的過程。
只要把今天過得比昨天更好，
就已經表現得非常棒了！
所以不要懷疑自己，繼續前進就對了。

這條路的盡頭開著一朵美麗的花。

一籌莫展

有時候很想逃跑，
逃到沒有半個人的地方。

想要躲到沒人找得到我的地方，
又害怕那些必須自己度過的時間。

想要自己一個人，
又怕成了一個人。

真希望夜晚永遠不要來臨，
我喜歡忙得無暇思考的白天。

夜晚總是有太多想法在我的腦海裡打轉，
弄得我難以入眠。

哪來這麼多事好擔心，
這根本是自討苦吃吧？

表面上裝作滿不在乎，
強顏歡笑地過日子真的好辛苦。

我真的不想讓人看見，
我這麼陰暗的一面。

我也不知道該如何是好了。

如果能看見眞心該有多好

能不能看見真心一點都不重要。
重要的是如何不帶偏見地看每一顆心。

某個夏天，我到加平去度假。我住的那間民宿一角，有隻白色狐狸犬綁在那。我喜歡狗，同時也很怕狗。因爲動物們不開心的時候不是用對話溝通，而是直接攻擊對方，所以我在面對動物的時候一直都很小心。但這隻狗實在太可愛了，讓我忍不住想更靠近牠一些。我躡手躡腳地慢慢靠近，避免嚇到牠。我靠近的時候，牠沒有朝著我吠。要是牠這麼做，我會立刻轉身離開，但牠只是靜靜地看著我。牠的尾巴沒有搖動，所以我不太敢摸牠。即使牠看起來一點也不兇，但沒搖尾巴應該就是牠還對我有戒心。牠的名字叫做哈魯，我和哈魯像這樣對望了十五分鐘後，就回房了。

隔天早上，我準備騎腳踏車出去晃晃時看見了哈魯。正好民宿老闆也在那，我就問他哈魯會不會咬人，老闆回答我不會。其實我問這種問題也很可笑，一方面是本來就沒有一定會咬人的狗，也沒有一定不會咬人的狗，一方面是哈魯當然不會咬自己的主人，我問這個問題也是多餘的。雖然老闆的意思可能是之前沒有客人被哈魯咬過，但誰知道我會不會成爲第一個被牠咬的人呢？所以問過後，我依然無法放下對哈魯的戒心。我將腳踏車停在一旁，走到哈魯旁邊。可能因爲昨天見過一次面，牠不停對我搖著尾巴，但我還是沒辦法相信牠，我怕牠是爲了咬我一口，才搖著尾巴想把我騙過去。我開始試著跟哈魯對話。

「哈魯啊！我很想摸摸你，但又怕你會咬我。你會咬我嗎？如果要咬可以先暗示我一下嗎？那我就會馬上離開。」

哈魯呆呆地看著我。

「怕你又一直想摸你，你也覺得我很可笑吧？我也可以理解你會這麼想，但我會這樣是因爲你實在太可愛了。」

哈魯還是茫然地看著我。

我心想「也是！怎麼可能有辦法溝通呢？」，便起身打算離開。這時候腳上的涼鞋滑了一下，我人跟著往前傾，幸好沒有整個人撲到哈魯身上，但牠如果想咬我，這個距離輕輕鬆鬆就能咬到。哈魯依然困惑地看著我，臉上寫著：「這個人類到底在做什麼？」這瞬間，我稍微對牠放下了戒心。我左手握拳，慢慢地讓手背靠到哈魯的鼻尖。

接著哈魯開始聞著我的手，待牠停下來後，我鬆開了拳頭，輕輕摸摸哈魯的頭。哈魯閉上了眼睛，靜靜地讓我摸牠。

我心裡突然有些愧疚，原來牠剛剛對我搖尾巴是眞心的。哈魯爲了想快點跟我成爲朋友，努力地搖著尾巴表達友好，我卻不相信牠，還以爲那是牠爲了咬我的計謀。要是我腳沒有滑那一下，可能到離開民宿前，我跟哈魯都不會有進一步的接觸。

每當我對人際關係感到疲憊，
我就會有個不切實際的幻想，
「如果看得見他人的心該有多好啊？」
假如看得見真心，我就能放心信任對方了。

但看看過去那個不敢接近哈魯的我吧！
就算能夠看到對方的真心，
我仍舊無法全然相信對方。
還是會覺得這是那個人為了欺騙我，
僞裝出來的面貌。

不願相信他人的真心，
卻希望每個人對自己都是真心的，

這不是貪心是什麼呢？
如果看的人心中充滿了偏見，
就算看得見真心又有什麼用呢？

扳開免洗筷

要開出一朵花自有它必經的過程。
需要翻土、播種、施肥。
這些都需要一定的時間，先後順序也很重要。
所以就算還看不見成果，也不用太過急躁。

人生就像一雙免洗筷。左右扳開的時候，有時很成功，有時弄得左右不對稱。如果筷子斷得很整齊，就很好夾菜，但如果弄得一邊大一邊小，筷子用起來就不是那麼方便。我們活著的每個瞬間都像在扳免洗筷，有時候一次就成功，筷子用起來很順手，有時則弄得歪七扭八，還會不小心刺到手，最後只能丟掉。

知道我所有的抉擇都跟扳開免洗筷沒兩樣時，我不禁覺得有些空虛。有時候花了許多心力，結果卻不盡人意，有時明明沒做什麼，卻像不小心中了樂透一樣，得到超乎預期的成果。努力和成果總是不成正比的事實讓我感到無力。但過了一段時間後，我終於瞭解人生的意義不是免洗筷扳開後的模樣，而是這雙筷子被我們握在手中的事實。重點不是扳開後的模樣是好是壞，而是我們曾將筷子握在手中，花了心思將它分開來。呈現的結果好不好不是最重要的事。

大學時爲了讓未來的求職履歷更豐富些，我試著學習不同領域的知識。聽見人家說會設計有利於求職，就立刻開始學設計，還去參加比賽。聽見人家說懂程式設計會更有競爭力，就馬上開始學程式設計，參加了許多相關的活動。聽見人家說無論做什麼工作都需要優秀的行銷能力，就去學行銷。聽見人家說就算很懂行銷，表達能力不夠好也沒用，就開始訓練自己的演說技巧。除此之外，我還挑戰了許多不一樣的領域，不惜犧牲睡眠時間，不停地充實自己。

但到頭來也是一場空。學是學了，但沒有一項有足以放上履歷的成就。跨足了許多不同的領域，卻沒有一樣專精，會的是不少，但能夠寫到求職履歷上卻少得可憐，一想到這我就覺得很絕望。明明犧牲了那麼多睡眠，還盡量縮短吃飯時間，全是爲了想多學一些，卻沒換來半點成果，眞是令人鬱悶。

當時的我覺得花時間學了那些東西一點意義都沒有，因爲只要沒有能搬得上檯面的成果，就不會有人認可我，也無法證明我有多努力。但事實證明我錯了。幾年後，我當時學到的知識都一個一個派上用場，幫助我完成自己想做的事情。當時所學的東西沒被人認可，日後卻發揮了它的效用，幫助我成爲現在的樣子。

✿ 我曾經也沒辦法將筷子好好地扳開，
但熟能生巧，現在我已經能分得很完美了。

如果只嘗試三四次就放棄的話，
我就會永遠是個沒有任何成就的人。

就算失敗了，
也要有下一次要做得更好的決心，勇敢地重新拿起筷子，
筷子兩邊不對稱，也要忍下不便繼續使用。
如此一來，就算未來處在不利的情況下，
也會有能克服一切的毅力。

說不定你也正在面臨和我一樣的情況。
不管多努力，扳開的筷子總是有缺角，
所以開始猶豫該不該再次舉起筷子來。

想著為什麼每次嘗試都會失敗，
開始否定自己、責怪自己。

但我能很肯定地告訴你，

這些被扳成奇形怪狀的筷子，
都不代表最後的結果。
這都是練習的過程，
讓你在未來有絕佳的機會找上門時，能夠有完美的表現。

一切都還沒結束。
你現在做得非常好。
你的努力終將結成甜美的果實。

想過一段不會凋謝的人生

儘管給了我時間，
我也無法好好享受它。
明明曾經是很有野心、夢想很多的人，
現在卻把所有心思都花在煩惱生計上。

是因爲汲汲營營於維持生計嗎？過去的我只顧著做有利於生存的事。考進大學、提高多益分數、考證照，還參加了一堆能夠寫上履歷的活動。我一路都走在對生計有幫助的路上，其他條路連看都不看一眼。

我曾經以爲人生本就是如此，人只要能溫飽，什麼都不需要。但將大部分的時間花在如何維持生計上後，我的人生漸漸開始凋零。人生明明才過了這麼一點，未來還那麼長，只要想到剩下的漫長歲月裡，也要不停思考如何在世上生存，人生凋謝的速度就越來越快。

這世界是如此枯燥乏味。連要去旅行的時候，比起想像會有段開心的旅程，我第一個想到的都是假期前必須提前處理的工作。想到不出去玩就可以不用急著把工作全做完，就突然失去了旅行的欲望。

這時我才知道。

變得枯燥乏味的不是這個世界，而是我的心。改變的也不是這個世界，而是我自己。

儘管給了我時間，我也無法去享受它。不是這個世界沒給我時間，是我不給自己時間喘口氣。

我是爲了煩惱生計才來到這世界的嗎？我很肯定不是。我曾是個有許多夢想，什麼都想嘗試的孩子，但隨著年紀增長，在社會設下的框架中活久了，就不得不放棄一個又一個的夢想。我並非從一開始就只擔心能否維持生計，過去的我不是這樣的人。

我會變成現在這個樣子，是因爲過去的我都只解決眼前的問題。明明我來到這個世界，不是只爲了煩惱如何生存，卻把所有心思都放在這上面，人生當然會變得索然無味。只解決眼前問題的這個決定反倒束縛了我，讓我悶得發慌。寫習題的時候總要練習解一些進階的題目，才有辦法進步，但我卻總挑基礎的題目來寫。長久以來都只挑簡單的題目，生活自然會變得單調、無趣，也沒機會嘗到達成某個目標的成就感。明明就有能力解開困難的題目，我卻總在嘗試前就卻步，只挑簡單的題目來寫。這的確是我的不對。

✿ 我決定不再只解決眼前的問題。
因為我發現好好審視自己的人生更重要。

審視自己的人生可能不會得到任何成果。
從外表看不出變化，所以也不會得到他人的認可。

但依然有其開始與結束，
有開始、有結束就代表有過程。
並不是什麼都沒有。

我想透過審視自己人生的過程，
找到自己來到這個世界的理由。
弄清上天究竟為我安排了什麼樣的路。

既然作為「我」出生，我就要過為了自己而活的人生。
一段不會凋謝的人生。

不負責任的建言

我知道每個人都過得很辛苦。
但每個人都很苦，
不代表我也得這樣過活。
我不想跟別人比較誰過得更辛苦。

自稱是「大人」的人最常犯下的失誤，就是隨意評斷別人的痛苦。嘴上總說每個人都會遇到這種事，這種程度在殘酷的社會裡根本不算什麼，要對方不要想得太嚴重，快點從痛苦中走出來。這就像對著剛學完加法和減法的孩子說：「我已經學會乘法和除法了。加法和減法跟這個比起來簡單那麼多，你根本不用那麼頭痛。」這世上大概沒有比「我都撐過來了，你當然也要撐過去」還要殘忍的話了。

你跟我本就是不同的個體，而這些痛苦我都是第一次經歷。

雖然對大人們來說這些事都已經過去了，但對我來說仍然是現在進行式，我的世界依舊被煩惱籠罩，我也只能停留在原地。所以要停止煩惱沒有說的那麼容易，打從一開始就沒有什麼煩惱是輕鬆的。我希望你別擺出一副這根本不算什麼的姿態，痛不痛苦、嚴不嚴重，我自己會判斷。大人們應該做的是和孩子們分享人生的智慧，而不是硬將自己的經驗套在他們身上。

一個好的大人應該放手讓孩子自己做選擇。不能只給孩子一個選項，告訴他那就是解答，強迫他選這個答案，應該要多給他幾個選項，讓他自己選擇。而且不能替孩子做的選擇打分數，告訴他這個選擇是對是錯，因爲這個題目原本就沒有正確解答。就算周圍的人都說這個答案是錯的，只要他能靠自己的努力，把錯的答案變成對的，我們也要給予認同。

✿ 向他人傾訴煩惱，
並不是想從對方那聽到正確解答。
而是想暫時放下那顆在荒地上飄飄蕩蕩，
鬱悶無比的心。

因為實在太沉重了，
重到無法獨自承受，
才想先將它放下來一會。

請不要對這樣的人說，
我所承受的比你的還要重多了，
你這不過只是無足輕重的小事。

因為傾吐煩惱不是想比誰的負擔比較重，
只是想暫時放下一切，稍微喘口氣而已。

哭泣的大人

「我知道你已經盡了全力。
這樣的結果我也覺得很難過。
這不是任何人的錯。
只是有太多無可奈何的因素，
我們才無法一起。
所以千萬不要自責，也不要輕易放棄。」

我想聽的只是這樣溫暖的一句話。
但社會是如此冷酷。

送到我眼前的，
有時是滿滿的紅筆字跡，
有時是不合格三個字，
有時是張辭呈。

我會感到心痛，

不是因為和目標的距離越來越遠。
我之所以會心痛，
是因為一路走來的努力和真心，
這麼輕易就被否定了。

畢竟我是那麼迫切啊！

我只能自己將心情整理好。
就算沒聽到理由也只能接受。
因為否認現實並不能夠改變什麼。

要快點打起精神來，
才能抓緊下一個機會。
孩子哭了至少還有糖吃，

哭泣的大人連一點關心都得不到。

突然感到無力的瞬間

第四句咒語

我每天都在變得更好

你現在做得很好

真希望有人能這麼跟我說。
你現在做得很好，
之後的日子會越來越好。

我這麼努力生活不是爲了得到多高的名譽，也不是爲了獲得財富，只是想過比現在更好一些的生活而已。我不妄想能爬到比現在高幾百、幾千階的樓梯上，只求能往上走個三四階而已。

但最近我開始思考這是否也只是種奢求，別說三四階了，就連往上爬一階都是那麼吃力。就算我再拚命、再努力過日子，還是什麼都沒有改善。吃的、穿的，能省多少是多少，想去旅行、想盡情玩樂的心情全都忍下來了，我的生活還是絲毫沒有改變。我依然住在屋齡超過二十年的老公寓裡，依然因為交通費太貴，無法去探望老家的父母。

我現在想稍微休息一下了。如果苦撐了這麼長一段時間，生活還是沒有什麼改善的話，就沒必要過得這麼辛苦了吧？現在的我偶爾也想放任自己崩潰，被打倒也沒關係，一邊看沿途風景，一邊跌跌撞撞地前進。

我現在做得好嗎？

比現在更好的日子會到來嗎？明明就是為了變幸福才這麼努力，但我怎麼覺得越努力，離幸福就越來越遠呢？人們總說有多努力就會成長多少，所以我才那麼拚命，但如果不是他們說的那樣該怎麼辦。我一面為了再上一階而努力，一面又為會一直停留在原地感到害怕。

✿

已經快喘不過氣來了，我需要休息。

就算跑得上氣不接下氣，我也沒停下腳步，

這全是為了過比現在更好一些的生活。

難道這是我的奢望嗎？

真希望有人告訴我不是。

這絕對不是奢望。

它有另外一個名字叫做希望。

你現在真的做得很好。

儘管如此

通往幸福的門要靠我自己打開。
沒有任何人能夠幫我。
就算有人能把我帶到門前，
握住門把，將它轉開的工作還是得由我來做。
所以通往幸福的門只有我能打開。

我自己一個人也能從挫折中站起身來。
就算沒人給我滿滿的愛，
就算沒有什麼令人羨慕的特點，
我還是會堅定地走在該走的道路上。
就算不依靠任何東西，我也能好好做自己。

我當然會失敗，也可能會被擊垮。
可能需要面對解不開的難題，
可能得不到想要的東西，

我知道人生不可能總是一帆風順。
我也能接受不幸偶爾會到來。
我自己一個人也能過得很好。
因為無論發生什麼事都無法動搖我。

我相信「儘管如此」的力量。

儘管如此我也能面帶笑容。
儘管如此我也能繼續勇敢向前。

無論在什麼樣的狀況下,
我都能打開通往幸福的大門。

越過牆後才懂的事

我要竭盡全力才能越過這面高牆，
靠權宜之計絕對行不通。
我必須要非常努力，
要抱著粉身碎骨也在所不惜的覺悟努力。

曾經有一道無法翻越的高牆擋在我面前，雖然不越過那道牆，對我的生活也不會有什麼太大的影響，但我就是忍不住會好奇牆後的世界長什麼模樣。心裡多少也有些落寞。我們明明就生活在同樣的世界，卻只有我看不見牆後的風景，這實在是太委屈了。無論高牆後有什麼，我都可以不用擁有它，只要能看一眼就好了。

我面前的這道牆又高又厚。剛開始我試著用手拍了拍牆，接下來試著用拳頭搥，用手刀劈，高牆巍然不動，但我的手早已血肉模糊。

接著我開始找工具，我試著朝高牆丟大石頭，試著將樹枝捆成棍子敲打，但高牆依舊是那麼堅固，高聳入雲。那時我才瞭解到靠力氣是沒有辦法破壞這道牆的。但我還是沒有放棄，不靠力氣就試著靠腦袋吧！我仔細觀察高牆，想找看看有沒有什麼破綻，但這道牆比想像中還要牢固，就連一絲裂縫都找不到。這道無懈可擊的高牆，是個可怕的對手。

剛開始我感到很挫折，滿腦子都想著自己沒有能力越過這道牆。其實有沒有這道牆都無所謂，感覺這只是道爲了讓我受挫才建造出來的牆。我覺得很委屈，也很生氣。最後我決定放棄翻越高牆，嘴上一邊抱怨一邊走回家，但家裡的牆磚吸引了我的目光。

「就是這個！用這些磚塊砌出樓梯不就行了嗎？」

於是我開始拆起自己的家，從最上面的磚塊開始搬，一塊一塊堆在高牆前。來來回回幾十趟後，還是看不見盡頭，如果想越過牆，我還需要更多的磚塊。加上要做成樓梯的形狀，需要的量就更多了。我把家裡的磚塊全搬光了還不夠，所以開始在村子裡尋找表面平整的石頭。我到河邊搬了些水中的石頭，也將藏在地底下的石頭挖了出來。先是拆了自己的家，接著把整個村子裡合適的石頭全搬了過來，這座石梯才終於能碰到牆的頂端，我終於能越過這道高牆了。

溫熱的淚水流過我的臉頰。比起終於能翻越高牆，應該說是被那個爲了越過高牆努力砌出石梯的自己給感動，我才會忍不住落下淚來。這時我終於明瞭，想要越過高牆必須要付出所有，如果光靠自己的力量還不夠，就要向身邊的人求助，沒有竭盡所能，或總想著旁門左道就永遠不可能越過這道牆。

這道又高又厚的高牆的存在，
不是為了要讓我感到挫折，
而是為了要測試我的能耐，
確認我是否能夠面對牆後更加險惡的世界。

這道理我一直到越過牆之後才懂。

美好事物的另一面

不能因為某樣東西看起來很美好，
就盲目地追求。
那樣東西能變得如此美好，
是因為背後有許多人付出了他們的心血。

不知道是更小的時候，還是從念幼稚園開始，我就常在素描本上畫花和蝴蝶。蝴蝶是黃色和橘色，花朵是紅色和粉紅色。我很不喜歡用重複的顏色，只要是能讓我用上黃色和紅色的東西，就代表它對我來說很重要。花和蝴蝶對小時候的我來說就是這麼美好的東西。

有天我坐在湖濱公園的長椅上，有隻蝴蝶飛過來停在我的包包上，牠的翅膀看起來像純白色，也有點像象牙色。我看到那隻蝴蝶時嚇了一跳，牠則是連甩都不甩我，完全沒打算要離開我的包包。看到蝴蝶完全不怕我，心裡不免覺得牠有些唐突，也有些可愛。我決定要和牠變得親近些，爲了更靠近蝴蝶，我稍微彎起膝蓋，把包包放到腿上。但仔細一看，我的天啊！蝴蝶的模樣和我想像中的完全不一樣，突然覺得牠看起來好噁心。遠遠看起來光滑細緻的翅膀上有著滿滿的白色線條，那長得像天線的觸角，感覺被碰到會很不舒服。讓我打擊最大的是蝴蝶的眼睛和腿。眼睛裡一點一點的，就和蒼蠅沒兩樣，蒼蠅的眼睛至少是全黑的，看不太清楚，但蝴蝶的就不一樣了。牠的腿看起來也跟蜻蜓、蜘蛛沒什麼差別。

花也一樣。我曾去參觀過花卉博覽會，花朵們排成列歡迎著我的到來。因爲經過精心排列，花朵的模樣和顏色都更加引人注目，整體看起來也十分協調。我開始拍照留念，記錄自己曾經到訪花卉博覽會。但拉近鏡頭，幫花朵拍特寫時帶給我的衝擊，不亞於上次近距離觀察蝴蝶的經驗。花朵裡黑黑的部分讓我聯想到癌細胞，分不清是雄蕊還是雌蕊的花蕊長在如絨毛般的表面上。大部分的花我都不知道名字，遠看的時候明明是那麼美，近看時才發現那些紋理會讓人很不舒服。

從小就當作是美麗代名詞的花和蝴蝶都這樣了，生活中一定有更多東西是一體兩面的。

是無止境的加班讓公司能順利運轉，
是嚴格的自我管理讓人氣能繼續維持下去，
是無數次的退稿讓一本書最終能成功誕生。

不能盲目追求看起來很美好的事物。

除非哪天你終於瞭解，
美好的那一面背後藏了多少努力。

「我不辛苦」，真正的意思

一點也不辛苦這句話，
其實就等同於在說我好辛苦。

如果是一下就能忘掉的辛苦，
通常會找人抱怨個幾句。
但如果真的太辛苦了，
就會怕依賴他人讓自己失去重心而跌倒，
所以總是藏起自己真實的感受。

有時候也只能向前走。
就算那條路是那麼艱險，那麼孤寂，
也只能把自己交給時間，
默默地等待傷痛能早日散去。

你知道想前進卻不能前進，

想後退也無處可退，
只能待在原地的狀況，
有多讓人鬱悶嗎？

我很討厭那些不清楚我的情況，
卻總對我的事出一堆意見的人。
我明明從來沒詢問過他們的想法，
那些人卻擺著一副自己更懂的姿態，
嘴角還微微上揚。
每當這時我就很想用世界上最難聽的話
來表達我的不滿。

雖然有時會因為不知道答案而煩心，
有時也會因為知道答案而煩心。
雖然有時會因為沒有答案感到煩悶，

有時也會因為知道答案感到煩悶。
你知道過著如此鬱悶的人生，
我的心彷彿下一秒就要爆炸了嗎？

不對，我反倒希望你不知道。

希望沒有人會知道，
我正走在深深的黑暗之中。
我不想讓任何一個人看見，
我動搖的樣子，脆弱的樣子。

我會堅強地撐過去。
我相信好日子總會來臨。

有所謂也無所謂

沒有人可以面對什麼事都無所謂。
只有比較無所謂的人，
跟很難無所謂的人而已。

在考驗找上門來時，有些人就算一點也不好，也會裝作自己毫不在意，我也是其中之一。人們會裝沒事有很多理由，我則是因爲想成爲「儘管如此我也沒事」的人。我認爲無論遇到什麼樣的試煉都不屈服，才能成爲氣量大的人，成爲氣量大的人，才能達成我的理想。所以即使心痛得感覺快死掉了，我還是裝作若無其事。

但這樣做是不對的。一點也不好還總裝沒事的態度將我的心束縛了起來，臉上帶著笑容，心裡卻在哭泣。感覺就像明明不想吃某樣東西，卻大口大口地往嘴裡塞一樣。

我開始意識到再這樣下去不行，我的氣量非但沒有變大，反倒還變得更小了。會因爲一點小事鬧脾氣，就算不是什麼嚴重的事也能生氣。從那時候起，我開始記錄那些讓我煩心、生氣、難過、鬱悶，或任何會產生負面情緒的事。把這些事情全都列出來之後，我會把它們分成兩種，一種是小事，一種是比較嚴重的事。換句話說，就是把它們分成負面點也沒關係的事，還有不用讓自己爲此心情不好的事。

我在記錄的過程中發現自己總會裝作無所謂，就連那些有負面情緒也沒關係的事也一樣。我並不是眞的放下，只是把這些疙瘩全藏在心底而已。

從那時開始，我決定誠實面對自己的感受，覺得痛苦就不用裝無所謂。雖然會根據情況決定要不要表現出來，但我會告訴自己在這件事情上，就算有負面情緒也沒關係，幫自己蓋上的印章再也不是「做得好」，而是「有所謂也無所謂」。決定接受這些再自然不過的情緒後，我的心變得很平靜。適時地淸掉心中的壞情緒，心就不會生病。

沒有人可以面對什麼事都無所謂。

我們心中有很多扇門，有些門輕輕敲兩下就會感到不安，有些門就算被人拿斧頭劈開了，也能笑著面對。所以不用面對什麼事情都無所謂，本來就沒人能做到這點。我們能做的只有不對已經發生的事感到後悔。別爲了不好的事後悔，回想一下自己爲什麼那麼做，深刻反省且不重蹈覆轍就夠了。

✿ 有所謂也無所謂。
沒必要裝做什麼事也沒有。

只要把這些過不去的事當成一座山就好了。
就算這是座聳入雲霄的山，只要能誠實面對自己的心，
就能一步一步爬上山頂。

不是結束，是另一個開始

不要害怕按下重置鍵。
因為按下後不是結束，而是重新開始。
既然還沒結束就不算失敗。
把心情整理好，再重新出發吧！

我偶爾會在選擇走上某一條路後，突然有不祥的預感。如果才剛走上那條路沒多久，還可以立刻回頭，但如果已經走了好一段路，花了很多時間，也下了不少工夫，就會陷入不知道該不該回頭的困境。這時候下意識就會想到「本錢」這兩個字，覺得我爲了走這一段路花了那麼多的時間，做了這麼多努力，多少要有點回報才行。所以常常因爲這樣的想法，就算明知道這條路是錯的，還是硬著頭皮繼續走下去。

就爲了達到損益平衡。

不過仔細想想，其實在知道這條路不對的時候直接回頭，才是將損失減到最少的方法。因爲繼續走下去，就等同於在錯誤的路上花更多時間、金錢和工夫。緊緊握住不對的事不放，就像抓著一條破破爛爛的繩子登天一樣。就算懂得這個道理，還是堅持繼續走下去的理由常常是因爲無法放棄。我們經常會聽到這樣的話。

「放棄就好啦！」

但問題就是大部分的人都沒辦法說放棄就放棄，我也是一樣。就像挑戰需要勇氣一樣，放棄也同樣需要勇氣。說不定中途放棄還比挑戰新的事物需要更多勇氣，因爲放棄代表要拋下一路走來付出的一切。

但我們要淸楚知道這一點，放棄現在正在做的事，人生也不會就此結束，只不過是回到踏上這條路以前的狀態，重新開始而已。會覺得可惜也很正常，要放下自己曾努力過的一切本來就不容易。會覺得白白浪費了很多時間，覺得和走在別條路上的人比起來落後許多。這樣的說法其實也沒有錯，畢竟每個人得到的時間都一樣，我卻沒有半點成果。但又能怎麼樣呢？現在也只能爲年輕的自己所做的選擇好好反省而已。

後悔、反省、自責，這些都是人生必經的過程。人生不可能是完美的，所以快整理好自己混亂的心，回到原點好好努力，看是否能多少挽回一些。不要還沒開始就覺得不可能挽回，做不做得到任誰都說不準。剛開始選擇這條路時也不知道它是錯的不是嗎？既然現在知道了，及時補救就好。別害怕去承認自己做了錯誤的選擇，也別害怕改正錯誤的過程。因爲現在按下的不是結束鍵，而是重置鍵。

別再猶豫了，快按下重置鍵吧！
這絕對不是畏縮的行為，
而是在為重新開始鼓起勇氣。
現在的你可能會被絕望的情緒籠罩，
但能讓你心跳不已的機會一定會再到來。
現在就回到原點，重新開始吧！

一切都還沒結束呢！

每瞬間的幸福

我在生活中錯過的，
是每瞬間的幸福。
不管是否成功，
都要享受每個瞬間才對，
我卻因為徘徊在悲觀的泥沼中，
終究沒能做到。

我一直以來都是個悲觀的人。眞要辯解的話，只能說我生在一個不溫暖的家庭，家裡的經濟狀況也不是太好，所以就算想當個樂觀的人，也沒那麼容易。我要擔心的事情、要忍耐的事情、要體諒的事情實在太多了。從來沒有一件事能照我的心意去做，只要想做點什麼，就會因爲要花到錢，徹底打消這個念頭。所以我總在嘗試之前，就會有反正也行不通的想法。這樣的想法一次又一次地出現，最後成了一種習慣，而這根深柢固的習慣也讓我的個性變得越來越負面。這就是爲什麼我一直以來都是個悲觀的人。

過去的我從來不覺得自己這樣的個性不好。因爲我認爲世界上有樂觀的人，就必定會有悲觀的人，只要不影響到其他人，照自己的方式過活並沒有什麼不對。除此之外，悲觀的個性還能讓我的心變得更加強韌。因爲我總會想像最糟的情況，所以眞的碰到不好的事情時，我還是能用一顆堅毅的心應對。也正是因爲如此，我從不覺得自己這樣的個性有糟到非改掉不可。但隨著年紀增長，我開始覺得人生的每個瞬間都過得如此悲觀，似乎有點太可惜了。

既然要買衣服了，就買漂亮一點的，既然要吃東西了，就吃好吃一點的，既然都來到這世界了，比起抱著負面的想法過活，開開心心地過日子不是更好嗎？反正不管是抱著樂觀還是悲觀的態度，事情都會這樣發展，就沒必要讓自己充滿負面情緒了。帶著悲觀的想法過生活不是什麼糟糕的事，既沒有做錯也沒有不好，只是有點可惜而已。只要想起我把有限的人生，當成無限的人生在過，心中就不免有些惋惜。

✤ 我一直以為自己錯過的是機會。
但其實我真正錯過的，
是每瞬間的幸福。

無論成功與否都要享受每個瞬間，
還要記住九歲的我、十九歲的我、現在的我，
和再也不會回來的我。
我卻總因為不願想起痛苦的回憶，
努力地想清掉這些過去。

到頭來成了一個雖然擁有很多，
卻無法享受每個瞬間的人。

我在生活中錯過的，
不是錢，不是時間，也不是機會，
而是每瞬間的幸福。

將這些幸福的瞬間全集合在一塊，
就能擁有更大的幸福。
我卻總過著黯淡的生活。

我錯過了那麼多瞬間的幸福。
想起來真是太可惜了。

讓心發光的方法

假如把道謝變成你的習慣，
就能讓很多人的心情好起來。

離開餐廳的時候、在便利商店買東西的時候、
被人幫助的時候、
有人親切地對待你的時候，

只要說一句謝謝，
聽的那個人的心就會亮起來。

傳達心意的方式其實比想像中簡單，
只是人們總因為害羞，不太表現出來。

一句道謝的話有非常大的力量。

就算無法改變這個世界，
也能改變一個人的世界。

對今天感到十分疲憊的人而言，
一句謝謝能為他帶來大大的幸福。
對被這個世界折磨了整天的人而言，
一句謝謝能為他帶來大大的安慰。

你一句看似無足輕重的話，
能夠扭轉那個人的一天。

光是對感激的人說聲謝謝，
你的心就能夠發光。

我眞正想聽的話

人生不會總是這樣。
總有一天我會幸福到流下眼淚。
心受了傷仍咬牙苦撐的瞬間，
總有一天會被賦予相當大的意義。

聽說人生也會有無趣的時候，我現在大概就處在那個時期吧？無論做什麼都覺得沒有意思，也沒有意義，做任何事感覺都差不多。覺得一切都會過去的，但某些已經過去的事情卻又回過頭來折磨我，原本以爲經歷過一次，這次就不會那麼痛苦，但事實證明我錯了。在知道人生就是這樣，沒什麼特別之後，有種自己一直在原地踏步的感覺。我開始替之前咬牙撐著的自己感到委屈，覺得一切似乎都是徒勞無功。

爲什麼要活得那麼辛苦呢？

一天又過去了，明天大概也會很痛苦吧？即使如此還是要咬緊牙關挺過去，因爲除了忍耐之外，我什麼都做不了。明明是我自己的人生，選擇權卻不在我身上，想想還眞是可笑。明明就有想做的事，卻要先做必須去做的事。不順著自己的內心，先選擇其他東西後，我的夢想也跟著消失無蹤，那樣的夢想又算什麼呢？因爲只做必須做的事，久而久之我也忘了自己到底想做什麼。過去的我會爲了什麼感到開心呢？似乎是覺得時間怎麼過得這麼快的瞬間吧？

所有過程都有起承轉合，人生應該也是這樣吧？如果眞是如此，我希望現在是「序論」。只要想著現在是爲了變得更好在打基礎，就會多少有些希望，也才能夠繼續撐下去。光是用黏土做個杯子，也要經過敲打、滾動、按壓、切割等過程，創造出自己人生的過程自然不容易。其實我很害怕自己的人生會就這樣成了「結論」，永永遠遠地結束在這。要是這樣的不幸是我人生中最後的篇章，過去曾流下的眼淚就像被全盤否定一樣。我不想要否定我自己，不想有個悲傷的結局。

✿ 真希望有人能緊握我的手。

告訴我人生不會總是這樣，
總有一天我會幸福到流下眼淚。
心受了傷仍咬牙苦撐的瞬間，
總有一天會被賦予相當大的意義。

我也會失敗

無論什麼樣的現實朝我逼近，
我也不會動搖。
我要成為一個不在乎成敗，
憨厚老實的人。

在童話故事《醜小鴨》中，主角醜小鴨從小就以爲自己是一隻鴨子，後來因爲再也承受不了其他鴨子們的欺負，選擇了離開。但醜小鴨偶然從湖水的倒影中看見自己的模樣，這才發現自己其實是一隻天鵝。從此之後，醜小鴨不再是醜小鴨，開始以天鵝的身分生活。但我們的人生不是童話故事，現實世界並沒有這麼美好，不是所有事情都能有個幸福快樂的結局。

大部分的人都很清楚，卻又極力想否認的事實就是「我也會失敗」。就算夢想看起來遙不可及，還是相信總有一天會實現，只要努力就什麼事都做得到。樂觀的心態很棒，但太過樂觀會讓人失去正視現實的能力。這就像近視的人拿下眼鏡看世界一樣，雖然不是完全看不見，但也無法好好看清眼前的事物。

我也會失敗。我付出的努力可能會和成果不成正比，說不定還會比努力之前的狀態更糟。我不是第一名，比我更厲害的人多的是，日後可能還會變得越來越多。我也許無法變得比現在更好，可能會一直維持在這個狀態，甚至是退步。我有可能會變得不幸，四處碰壁的日子比無往不利的日子還要來得多，哭泣的時候比笑的時候還要多上許多。每個人都有過的幸運可能不會降臨在我身上，說不定我會獨自被留在這個世界上。

但千萬別忘記，即使這些假設成爲現實，也不能做爲你放棄現在所做的事的理由。比起靠著過度樂觀做白日夢，不如當一個憨直的人，無論遇到什麼樣的情況都不動搖半分。鴨子過好鴨子的生活，天鵝過好天鵝的生活。我們不用把自己想像成童話裡的醜小鴨，但如果不是天鵝，就別總夢想要變成牠，否則在被現實打醒時會感到無比空虛。但這不是要人別嚮往著過更好的生活，而是在提醒我們如果想讓生活變得更好，就別總想著非要成爲天鵝不可，我們的目標應該是成爲一隻比現在更棒的鴨子。

我們每個人都過得很辛苦，有些人能受到矚目，有些人卻連名字都無法被人記住。這就像電影一樣，觀影的觀衆們只會記得出現在畫面中的主角和配角長什麼樣子，頂多再加上導演跟編劇的名字。至於同樣參與了電影拍攝，十分辛苦的工作人員和小演員們，如果不說，根本沒人知道他們拍了這部電影。片尾的工作人員名單滾動的速度也總是那麼快，就算想看看有哪些名字在上頭也看不清。

人生也是如此，不可能每個人都有辦法被聚光燈照到。如果我能被照到當然最好，但我也可能會變成某個人的影子。說不定沒人會認可我的努力，還反過來指責我的努力。

✿

但最重要的是，
即便這些假設，
一個個都成了現實，
也無法成為我的生活動搖的理由。

我絕對不會放任不管，
讓這些假設妨礙到我打算做的事。

只不過不是今天而已

我總會成功的。
只不過不是今天而已。
我有天一定會成功，
找到屬於我的位置。

我很受不了那些頂著關心的名號，對我的人生品頭論足的人。我的人生不順，最鬱悶的人莫過於我自己，爲什麼一個外人硬是要跟著傷神呢？有些人就是分不清關心和干涉的區別，如果是關心，我當然很感激，但如果是干涉，就恕我無福消受了。如果他人的干涉能解決所有問題，我早就過著一帆風順的人生了。要是可以像找人算命的時候要付錢一樣，干涉別人的人生時也會產生「干涉費」該有多好啊？

以爲我是因爲不想畢業才不畢業嗎？總要決定好要往哪個領域發

展，要到什麼地方工作再畢業，履歷上才不會出現過長的求職空窗期。以爲我是因爲不想上班才不去找工作嗎？最近就業的門檻高到我連面試的邊都碰不著。以爲我是因爲不想談戀愛才不談的嗎？光過好自己的生活就快忙壞了，出去約會又要花一堆錢，就算想談也沒辦法談。如果我現在再把結婚寫出來，寫的人、讀的人大概都要崩潰了吧？我不是因爲不想要才不去做，所以不要總是念我爲什麼不做某件事。這個不叫關心，這叫干涉。

✿ 我只不過是還在等待。

一朵花要綻放，
都需要一段很長的時間和悉心照料了，
更何況是要開出人生的花呢？

看不見結果的漫長等待，
是世界上最讓人焦慮的事了。
我現在就是這個狀態，
心裡急得像熱鍋上的螞蟻。

我總會成功的。
只不過不是今天而已。

我有天一定會成功，
找到屬於我的位置。

願我變得幸福

我希望我能變得幸福。
我希望我能變得非常幸福。

雖然每個人都希望能得到幸福，
但我比任何人都還迫切。

也沒什麼特別的理由。
理由就是我自己，因為是我，
所以我希望我能夠幸福。

希望自己變得幸福沒有錯。
因為幸福是如此美好。

經歷了這麼多不幸，
現在也是時候該擁有幸福了。

我今天依舊閉起了雙眼，
盼著幸福能夠降臨。
我希望我能變得幸福。
衷心希望我能早日變得幸福。

越逃越遠的東西

現在做不到，
不代表未來也做不到。
只要好好準備，機會就會來臨。
所以不用太過著急。

我從很小的時候就開始思考自己未來要做什麼工作，因爲進小學後總會被要求寫「我的志願」。當時的我覺得看起來很威風的職業就是我的志願，以爲只要寫在紙上，就都能夠成眞，畢竟當時的我正值認爲自己想做什麼，就都做得到的年紀。但職業並不是我想要就能得到的東西，有時需要優秀的成績，有時需要有寬裕的經濟能力，有時需要擁有過人的才能。

最後我得到的結論是沒必要只做一個夢，因爲能讓人奉獻一生的職業實在太少了。有些人在同個職場撐到四十幾歲，還是決定轉職，放下接觸超過十年的工作，轉戰全新的領域。有些人進到夢想中的公司，才發現實際狀況和想像中的不同，並爲此徬徨。就算好不容易才進到這間公司來，還是會爲是否要跳槽，或是換到另外一個領域工作而煩惱。如果沒有親身嘗試，就不會知道這個職業適不適合我，所以沒必要只被一個工作綁住，對各種可能性持保留態度並不是什麼壞事。

在做選擇的時候，最好思考一下這個工作是否會讓你的心感到不自在。雖然說事關生計，擁有一份穩定的工作是件很重要的事情，也正因爲如此，假如你的心無法忍受，也不可能撐得長久。想要賺大錢的人不可能受得了低薪的公司，體力不好的人自然無法做體力活。喜歡接觸新事物的人沒辦法接受一成不變的公司，不擅長待人接物的人無法忍受要一直面對人群。我們需要培養的正是這種能判斷自己適合什麼工作的能力。

想做的事不一定要現在馬上去做，如果這眞的是我該走的路，機會就會在不經意的時候再度找上門來。就算現在不得不向現實妥協，必須先放棄想做的事，待日後再嘗試也沒關係。現在做不到，不代表未來也做不到，重要的是等待機會到來的心態。

但如果抱著「反正機會總會到來」的心態虛度光陰的話，機會來的時候也抓不住。我們要隨時做好準備，在機會來臨時，讓那個給自己機會的人看見我對這個夢想的渴望，過去曾做了多少努力，又能表現得多麼好。

夢想不一定要在二十幾歲的時候完成，
五十幾歲也能實現夢想。
現在沒能完成夢想，也不需要有挫折感，
因為日後還是能夠實現。

想早日完成夢想的心有時反而是種毒藥。
因為急著想成功，嘗試個幾次發現不行就會想放棄。

沒有人在身後追著你，
但也不需要去超越誰。
夢想是我一個人的，
不需要和任何人競爭。

以一年為單位來看的話，會覺得時間很少。
但以十年為單位來看的話，就會覺得未來機會還很多。

心越急，夢想就逃得越遠。

跳脫框架

我就像玫瑰花叢中的一朵白頭翁花。
當玫瑰花全都努力抬著頭，
就為了想多曬到一點陽光時，
只有我低頭望著地面。

我總覺得每個人都有夢想，過著幸福的生活，只有我沒有任何目標，就這樣漫不經心地生活著。其實我是不知道該做什麼，才無法樹立目標，沒有目標，自然就一點作爲也沒有。沒有半點作爲，就覺得自己似乎一點也不幸福，因爲不幸福，所以什麼事都不想做。我的生活就像散落一地的骨牌，不知道該怎麼做才好。從第一片骨牌開始排的話，感覺看不見盡頭，就算先把倒下的骨牌全都收拾好，又不知道下一步該做什麼。

我不知道要怎麼過不同的生

活。如果想讓自己煥然一新，到底該怎麼做才對呢？人們總說凡事只要努力去做就對了，但我就是不知道該努力做些什麼。我也聽過只要有一樣特別優秀的能力就能成功，所以要專心挖一口井，但我現在就連該挖哪口井都不知道。現在的我就是零，不是負數也不是正數，沒有向前也沒有後退，在零的狀態過了一天又一天。有時候我會想，還是要隨便嘗試點什麼，失敗也沒關係，因爲失敗也是種經驗，是人生必經的過程。一直停留在零的狀態，反倒像是在虛度人生。

所以我決定什麼都試試看，不是要畫多偉大的藍圖，只是設立一些簡單的目標。我告訴自己別想太久以後的事，比起計畫幾年後的生活，不如爲現在做規劃。我也不賦予目標什麼太大的意義，過去就是覺得無論做什麼事都要有意義，才會弄得什麼都沒能開始。就算沒有任何成果也沒關係，只要有爲了達成目標而努力就可以了。我開始找些短期內可以完成，相對較瑣碎的小事來做。

從那時候起，我的生活產生了某些變化，其中最大的變化是我的心態。原本我以爲人生是手上拿到什麼樣的牌，就只能怎麼過。家庭背景、家中的經濟條件、天生的才智都不是我能控制的，所以就算不滿意也只能接受，這樣的想法讓我的心也僵化了。但自從我開始設立目標，並一個一個達成之後，我才發現人生不是只有一條路能走，選擇走哪條路全取決於我自己。

我就像掛在牆上的一幅畫，曾經以爲自己只能待在畫框內，也不能離開自己所在的這面牆。我認爲是畫框束縛了我，所以我才無法跳脫框架。但其實我是活在自己設的框架裡，因爲我不知道要怎麼過不同的生活。畫布小不代表畫也要跟著變小，畫作超出畫框也沒關係，就算顏料沿著所在的那面牆流到別的地方去也無所謂。

✿

如果硬要說想過什麼樣的生活，
我想過的是幸福的生活。
不一定非要做什麼事，
也不用完成多偉大的目標，
只要相信自己現在過的
就是幸福的生活就好了。
我想要畫一幅人生的畫，
並將這幅畫命名為
「身在何方都能發光的盼望」。
希望無論我在哪，做些什麼，
都能夠成為一道光。

往後無論身在何處，
我的人生都一定能發光。
這是我自己決定的人生。

我會成為你的春天

聽說每個人的春天來的時間都不同，
所以不要拿自己和別人比較。

春天不是不來，
只是會晚點過來而已。

冬天過了春天才會來，
也正因為有冬天，才會有春天。

所以別太討厭冬天了。

我希望那阻礙你的寒風，
不會真的將你打倒。

別放開手中握住的希望，

我會陪著你一起把它握緊。
你到目前為止都做得很棒，
未來一定也能繼續保持下去。
面對一片黯淡的現實難免會感到畏懼、茫然，
但只要身旁有人陪著，就一點也不會害怕了。
我會走到你身旁成為你的春天，
所以千萬不要放棄。
我會一直為你加油。

你比自己想像中做得還要好

會覺得自慚形穢，
不是因為你沒有存在的價值。
是因為你將目光放在更廣闊的地方，
才會覺得自己不夠好。

覺得自己不夠好的理由，也不是因爲你沒出息，是因爲你想成爲更好的人。不是你的努力不夠，只是你替自己設下的目標比較高而已，這其實是件非常了不起的事。明明安於現狀會更輕鬆，只要做之前做過的事就行了，一點也不難。你卻選了一條相對艱難的路，要做出這樣的決定需要相當大的勇氣。走在崎嶇不平的道路上，你可能會遇到阻礙，可能會跌倒、受傷，而你卻甘願承受這樣的風險，勇敢地踏出腳步，這樣的決定眞的十分了不起。

不是每個人都願意爲成爲更好的人而努力，是你比較特別，才會有一顆願意努力的心。即使每個人看起來都很努力生活，但不願努力的人其實也很多。

你不是不值一提的存在，你是個願意爲某件事物付出，充滿魅力的人，無論那是爲了自己、爲了家人、爲了戀人還是爲了社會。就算沒有達成想要的目標，也沒人有辦法否定你的價值。

我希望你別光靠眼前所看到的來判斷自己的價值。雖然人們總說時間不等人，要快點向前跑才行，但有些事情是需要等待的。碗裝泡麵都要等三分鐘麵條才會熟，更別說是人生了。有時可能會因爲肚子餓，麵條還沒熟就想吞下肚，但這樣還不如不吃。你的人生正在慢慢加熱，等著沸騰的那天到來，再等一會就會滾了。就快了！你一路走來的努力將會變成禮物回送給你。

所以別太擔心了，你現在做得很好！

你是個遠比自己想像中，
還要更了不起的人。
所以我希望你別再躊躇不前。

雖然沒辦法什麼事都做得到，
但你無論做什麼都是那麼努力不是嗎？

所以勇敢向前吧！
這條路的盡頭有什麼，固然沒人知道，
但總要去看一眼，才不會有遺憾吧？
我希望你別吝於鼓勵自己。

你比自己想像中做得還要好。

國家圖書館出版品預行編目資料

我，這樣就很好：不知道自己有多美好的我，最需要的暖心抱抱 / 趙宥美著；戴瑜亭譯. -- 初版. -- 臺北市：皇冠, 2022.3 面；公分. --（皇冠叢書；第5007種)(心風景；01)

譯自：나, 있는 그대로 참 좋다

ISBN 978-957-33-3857-4(平裝)

1. CST：自我實現 2. CST：自我肯定

177.2 111001308

皇冠叢書第5007種

心風景｜01

我，這樣就很好

不知道自己有多美好的我，最需要的暖心抱抱

나 , 있는 그대로 참 좋다

作　者—趙宥美
譯　者—戴瑜亭
發 行 人—平雲
出版發行—皇冠文化出版有限公司
台北市敦化北路120巷50號
電話◎02-27168888
郵撥帳號◎15261516號
皇冠出版社（香港）有限公司
香港銅鑼灣道180號百樂商業中心
19字樓1903室
電話◎2529-1778　傳真◎2527-0904
總 編 輯—許婷婷
責任編輯—黃雅群
美術設計—單宇
封面繪圖—Hwagayul
行銷企劃—薛晴方
著作完成日期—2017年
初版一刷日期—2022年3月

法律顧問—王惠光律師

讀者服務傳真專線◎02-27150507
電腦編號◎586001
ISBN◎978-957-33-3857-4
Printed in Taiwan
本書定價◎新台幣380元/港幣127元